RETOUR

AU CHRISTIANISME.

Imprimerie de Marius Olive, sur le Cours, n° 4.

RETOUR
AU
CHRISTIANISME,

DE LA PART

D'UN SAINT-SIMONIEN.

———•○○•———

PAR ALPHONSE DORY,
AVOCAT.

MARSEILLE,
CHEZ MARIUS OLIVE, ÉDITEUR,
SUR LE COURS, N° 4.

—

1834.

CHAPITRE I.

1830. — Je suis à Paris.

COMMENT suis-je devenu Saint-Simonien ?
Pourquoi étais-je Saint-Simonien ? Telles
sont les questions qu'on se fait naturellement. Pour
y répondre, il est nécessaire de reprendre les choses
d'un peu haut et de remonter à l'époque où je me
décidai d'aller à Paris.

Je venais à peine de quitter l'école de droit,
lorsque je pris cette résolution. Ce nom de Paris
retentissait sans cesse à mes oreilles, et je voulus
savoir par moi-même ce que c'était que Paris.
Qu'on se figure donc un jeune homme de mon
âge, seul dans cette grande ville, entouré d'hommes inconnus, parlant, il est vrai, la même langue, mais d'une manière presque différente,
animés, pour la plupart, de préjugés étranges pour
lui!... Qu'importe? Il y a tant d'illusions dans un
cœur de vingt ans!

Quel mouvement, quel bruit! Que d'équipages!
Que d'agitation chez ces hommes! Comme ces palais sont beaux! Comme ces temples sont majestueux! Comme ces promenades sont vastes et
plantées de beaux arbres! Quel roulement incessant de voitures! Quelle foule aux spectacles! Le
Palais-Royal n'est-il pas un théâtre avec ses loges
richement décorées, la scène où passent et se croisent des hommes qui viennent de l'occident et de
l'orient, du nord et du midi, avec leur langage
et leurs costumes divers? Quel bruit! Cette garde
royale est bien belle ; ce carrosse riche et rapide
annonce la présence d'un roi.

Peu de jours après, j'examinai les détails. Ces

hommes sont bien polis, mais un peu froids ; ces femmes, remplies de grace, douces et blanches, mais leur œil est terne sous leurs paupières. Je m'aperçois que je suis dans le nord... Déjà l'hiver s'annonçait plus rude que de coutume ; la neige tombait à flocons, et la glace se durcissait sous les pieds.

Un matin du mois de février 1830, par un temps très froid, j'ouvris la croisée de ma chambre et regardai la vue qui se présentait à moi ; elle était assez belle : il est vrai que j'étais logé au quatrième étage. Je voyais le Louvre et les Tuileries, les flè-ches et les dômes des monumens publics, et plus loin les moulins de Montmartre. La neige avait étendu partout son manteau blanc. Je considérais avec intérêt ce spectacle inconnu et cette voûte grisâtre du ciel si bizarrement tranchée par la blancheur de la neige, lorsque je me mis à repasser dans ma tête tout ce que j'avais vu dans la capitale et tout ce qui m'y restait encore à voir. Plus je cherchais, moins je trouvais quelque chose qui pût exciter ma curiosité. Tout-à-coup je réfléchis qu'il pouvait bien se faire que Paris ne fût pas tout entier ni dans ses rues, ni dans ses promenades, ni dans ses édifices ; qu'il y avait peut-être

une pensée, une science, qu'on pouvait appeler
pensée ou science de Paris ; et là-dessus je songeai
où je pourrais les trouver. Mais n'y a-t-il pas, re-
pris-je, des facultés, des académies ? n'y a-t-il pas
des savans, des artistes, un barreau ? etc.

Sur ce, je fermai ma croisée, et m'habillant les-
tement, je me dirigeai aussitôt vers le quartier
latin.

Peu de jours me suffirent pour m'initier à un
nouveau genre de vie, et bientôt je devins un écolier assidu, des plus assidus de la Sorbonne, tel
peut-être que ce vieil édifice en voit rarement. Je
me mis à la piste de tous les cours. Tout fut bon
pour moi : chimie et physique, littérature et
morale, géographie, philosophie, histoire naturelle, histoire ancienne et moderne, physiologie,
etc... Je figurai au cours de tous les professeurs ;
je demeurai tout le jour, du matin au soir, dans le
pays latin ; je le sillonnai en tout sens, et mes pieds
oublièrent toute voie profane.

Bientôt j'eus mes professeurs de prédilection :
M. Villemain et M. Guizot. M. Guizot surtout me
plaisait par sa logique et par son geste méridional.
L'honorable professeur enseignait alors l'histoire
de France. M. Villemain attirait aussi beaucoup

de monde, son cours était plus attrayant. Il traitait de la littérature du moyen âge, et sa verve était entrainante. Tour à tour croyant et sceptique, le professeur faisait l'apothéose des papes; et puis sa figure se ridait et sa bouche malicieuse lançait un de ces sarcasmes qu'on eût dit échappés des lèvres de Voltaire.

Un des cours qui étaient le plus généralement suivis était celui de physique; celui de M. Gay-Lussac pour la chimie attirait aussi un grand concours d'auditeurs.

Je ne puis passer sous silence le cours de philosophie de M. de Jouffroy. Ce n'était pas pourtant l'éloquence ni la verve de M. Cousin. M. de Jouffroy analysait les facultés de l'ame, mais il y avait chez lui une raison surabondante, une analyse continue, qui, bien qu'ayant leur mérite, jetaient sur ses leçons une teinte d'uniformité et de sécheresse.

Je suivais aussi assidument un autre cours de philosophie professé en Sorbonne par M. Valette; mais j'avoue que la méthode du professeur me répugnait : c'était toujours du sensualisme, modifié, il est vrai, par quelques idées de l'école écossaise.

Au collége de France, M. Andrieux, homme modeste, aux idées douces et polies, traitait aussi de la littérature. Ce professeur, qui savait se faire aimer, se plaisait à dire que, semblable à ces guerriers qui mouraient en combattant, il se proposait de mourir en professant ; et, de fait, il a tenu parole ; car la mort l'a surpris au milieu de ses fonctions.

Un des hommes qui ont fait sur moi une impression des plus étranges, est le célèbre M. Cuvier. Nul doute que ce grand homme ne jouisse d'une réputation méritée. Il enseignait alors l'histoire des sciences naturelles. Quelques préjugés que j'eusse pour lui, et quelque prévenu que je fusse en sa faveur, j'avoue, à ma honte, que je ne pouvais entendre sa parole sans un sentiment de peine, de gêne, de douleur, que je ne saurais caractériser. Sa tête était belle, et je l'admirais comme physiognomoniste ; mais sa figure me rappelait une de ces larges figures de cire blanche que l'on voit quand on est enfant. Sa bouche s'ouvrait et se fermait à des périodes toujours égaux. Ajoutez que sa voix était uniforme, que le son était toujours au même diapason, et quelquefois il me semblait entendre une tête de mort qui parlait.

De quelque manière que l'on qualifie ma bizarrerie, j'avouerai que je me forçai à écouter M. Cuvier pendant deux ou trois séances, et que je n'ai pu aller au delà. Au reste, le nombre de ses auditeurs n'était pas nombreux.

Somme toute, les cours le plus généralement suivis à cette époque étaient ceux de chimie et de physique; ceux de littérature et d'histoire, professés par MM. Villemain et Guizot, attiraient aussi un grand concours d'auditeurs, mais d'une espèce toute différente.

Je l'ai déjà dit, celui auquel j'accordais la préférence, et ceci est affaire de goût, était M. Guizot; je trouvais en lui une clarté, une précision, un raisonnement si bien lié, que je le suivais avec le plus grand plaisir, du premier mot au dernier.

J'avais ainsi l'habitude de passer une grande partie de la journée sur les bancs, prenant des notes, assistant à cinq ou six cours de suite, et dévorant tout, même des leçons de littérature latine ou grecque. La science était chez moi à l'état de passion. Je ne faisais que cela, je ne rêvais qu'à cela : je n'avais pas le temps de lire ; à peine si je pouvais coordonner dans ma tête ce flux incessant de science qui coulait dans mes oreilles.

Il y a une différence bien grande entre la science écrite et la science parlée. Un livre de science est un texte mort, sans commentaire ni explication ; mais il y a dans la voix d'un professeur et dans le jeu de sa physionomie un je ne sais quoi qui fait comprendre, un accent qui pénètre et s'insinue dans l'esprit. Toutefois, quelque nombreux que fussent ces cours, quelle que fût l'habileté de plusieurs des professeurs, l'ensemble ne répondait pas à l'idée que je m'en étais faite. Il n'y avait pas d'union, pas de système uniforme ; c'était une espèce de chaos scientifique. Au sortir de l'école condillacienne je tombais dans l'éclectisme ; de l'histoire selon Voltaire je passais à l'histoire selon la providence ; l'un pour type d'association politique, M. Daunou, me présentait les éternels Spartiates, tandis que l'autre voyait tout à refaire dans la société. M. Andrieux, bien qu'admirateur de Voltaire, parlait assez bien du christianisme, tandis que cette doctrine sainte était ailleurs mise de côté, sinon bafouée. Enfin, l'un était tout philosophe, l'autre tout grec ; celui-ci était matière de la tête aux pieds, celui-là spartiate ; l'un parlait sans cesse d'animaux, l'autre était tout chiffre. C'était un spectacle, qu'on peut certes qualifier de curieux, et qui, par moi écolier quelque peu hardi, était qualifié de chaos.

Je trouvais donc que les doctrines scientifiques

n'étaient nullement arrêtées, ou plutôt qu'il n'y avait réellement pas de doctrine. Ce qui valait le mieux et qui dominait tout le reste, était sans contredit l'éclectisme; mais alors un de ses organes les plus éloquens, M. Cousin, était muet.

Sous le rapport matériel, il y avait peu d'ordre dans l'heure des cours; plusieurs se faisaient à la fois, ou avaient lieu à des intervalles trop inégaux. Il me semblait qu'on eût pu faire quelque chose de mieux, afin de répondre aux besoins d'un jeune homme nourri déjà de la science des écoles secondaires et qui désirait de se perfectionner. Involontairement mes regards se tournaient vers les universités allemandes, dont j'entendais faire le plus grand éloge, et où professeurs et élèves, tous poursuivent la science avec une ardeur et un zèle consciencieux.

Quelquefois j'allais entendre les avocats illustres du barreau parisien; j'étais attentif à leurs plaidoiries, et je trouvais que leur réputation n'était pas tout-à-fait usurpée. Là j'écoutais la voix de MM. Dupin, Barthe, Hennequin et autres.

De plus, il se trouvait, par hasard, que la maison où j'étais logé, rue Taranne, servait de lieu de réunion à plusieurs sociétés d'espèce différente.

Les unes s'occupaient de littérature, les autres de
sciences, de langues étrangères, etc.... C'était une
espèce de Sorbonne au petit-pied. Il y avait des
cours de droit civil, des cours de physiologie, de
chimie, de physique, etc. En outre le soir s'ouvraient des conférences où plusieurs jeunes gens
d'un mérite peu commun discutaient concurrem-
ment et de vive voix un sujet donné. Dans cette
arène nouvelle, je voyais se développer des opinions bizarres, exagérées et étranges pour moi. Tout
cela néanmoins servait au développement de mes
idées ; et au milieu de ces jeunes hommes amis de
la science et qui étaient depuis long-temps à Paris,
je trouvais le résumé le plus complet et le produit
le plus entier de ce que je cherchais, de ce que
j'ai nommé plus haut la pensée de Paris.

A quoi tenait cet amour de la science ? Aujour-
d'hui que j'y réfléchis avec calme, je ne puis m'en
rendre compte. Il est certain que je n'avais aucun
but. Ce n'était pas l'ambition qui me poussait, ce
n'était pas le désir de me rendre propre à tel ou
tel objet plus ou moins important. J'aimais la
science pour elle-même : c'était encore un amour de
jeune homme. J'aimais la science comme d'autres
aiment un ami, une femme, etc., sans savoir pour-

quoi. J'apprenais de tout côté; mon esprit était
satisfait, ma raison se réjouissait, mes facultés
étaient en jeu. Que devait-il résulter de tout cela ?
C'était ce dont je me souciais peu, et ce que j'ignorais profondément.

CHAPITRE II.

Un ami intime. — Les Producteurs.

L A grande extension donnée de nos jours aux sciences physiques n'est pas un mal en elle-même : elle peut momentanément détourner les yeux de quelques-uns, de ce qui seul mérite leurs regards d'une manière absolue ; mais une longue pratique, jointe à l'examen, amènera

certainement les esprits à la limite de l'inconnu.
C'était la réflexion que je faisais en voyant plusieurs
professeurs de physique, après s'être agités quelque temps dans un labyrinthe de faits, se trouver
embarrassés pour en expliquer la nature et la
cause. Plus grand encore fut mon étonnement lorsque je les vis bâtir des hypothèses plus ou moins
ingénieuses afin d'expliquer la nature des fluides
impondérables et leur action sur les objets exté-
rieurs. Je vis dès lors clairement que rien n'était
moins solide que ce reproche de matérialisme
adressé aux sciences physiques, et qu'elles n'atten-
daient peut-être que la voix d'un homme de génie
pour sortir du cadre étroit qui les gêne et les ra-
petisse.

Si le matérialisme n'est pas inhérent à la nature
de ces sciences, on ne peut cependant nier qu'en
ce moment elles n'en soient empreintes; plus généralement on peut dire que cette teinte sombre semble se projeter sur toutes les sciences. Néanmoins,
malgré le contact journalier que j'avais avec elles,
et le flux d'opinions qui m'assaillait de toutes parts,
je n'en étais pas moins ferme dans mes idées.

Ici je dois un aveu au lecteur, aveu qui me coûte
plus qu'on ne pense : c'est qu'à cette époque de

ma vie j'étais chrétien, et chrétien de conviction. Comment cela se faisait-il? depuis quand l'étais-je? c'est ce que je dirai en peu de mots.

Vers l'époque où je sortis de l'école de droit, je sentais qu'il y avait en moi quelque faculté en souffrance. J'avais bien pensé quelquefois aux idées religieuses, mais la quantité innombrable de livres que j'avais lus, et qui presque tous étaient hostiles aux idées religieuses, me semblait une superfétation de preuves. Nourri particulièrement des ouvrages du dernier siècle et de ceux du commencement du dix-neuvième, je trouvais que Voltaire et lord Byron avaient tout dit : s'occuper encore de telle chose, c'était, selon moi, s'occuper d'un mort et raisonner sur un cadavre.

Ce fut alors qu'un excellent livre me tomba sous la main : l'*Essai sur l'Indifférence*, par M. de La Mennais. Je le lus comme j'avais fait jusque-là de toute espèce de livres, mais j'en demeurai tout surpris. Bientôt j'y réfléchis plus mûrement; et je ne sais pourquoi ni comment, mais de sceptique, de voltairien que j'étais, je devins presque catholique.

C'est dans cette disposition d'esprit que j'allai à Paris. Comme on pense bien, j'y trouvai peu de sujets d'édification. Ajoutez que je prêtais volontiers l'oreille aux idées du jour; mais, chose étonnante! au lieu de m'en sentir ébranlé, je devenais plus ferme dans mes nouvelles doctrines. Ceci est moins surprenant qu'on ne peut le croire d'abord: la réalisation complète d'un système en fait ressortir le bien et le mal; des idées mauvaises répétées par certaines bouches font un effet opposé à celui qu'elles en attendent; quelquefois la vue d'un excès est propre à reporter vers le côté contraire. Ainsi, le spectacle du désordre intellectuel des cours de Paris, les opinions courantes du monde de Paris, cette vie si légère, tout cela m'inspirait des réflexions étranges, bizarres, entièrement contraires à ce qu'on eût pu en attendre; cela me faisait sentir la nécessité d'un cercle plus large dans le monde intellectuel, comme d'une règle certaine dans les choses de la vie.

Que de fois n'ai-je pas déploré cet instinct puissant, ce désir irrésistible qui m'avait conduit, sans savoir pourquoi, au milieu de Paris! Je n'y étais pas très satisfait : comment se trouver bien avec des hommes dont on ne partage pas les idées? Aussi étais-je plus isolé dans cette immense capitale que jadis je ne l'avais été dans la ville d'Aix en Provence. Dans ces rues, sur ces boulevards, je me

sentais pressé, froissé par une multitude toujours
incessante comme les vagues de la mer, et nul ne
m'y connaissait, et je n'y connaissais personne ;
pas un œil qui cherchât le mien, pas une main qui
serrât la mienne. Oh ! comme cette solitude est
pénible ! Pourtant je n'étais pas tout-à-fait seul. Je
fis alors connaissance avec un jeune homme d'une
nature peu ordinaire : il était logé dans la même
maison que moi ; je le voyais souvent, et il n'était
pas rare qu'après nos repas, nous eussions ensemble de longues conversations. Il habitait Paris
depuis long-temps, connaissait des hommes distingués, se trouvait en relation avec eux ; lui-même
écrivait dans les journaux, était secrétaire de plusieurs sociétés scientifiques, plaidait au palais avec
distinction, etc. Son naturel était original ; il avait
de ces désirs, de ces instincts, de ces connaissances que je n'ai observés qu'en lui. Il était grand
admirateur de l'Allemagne, et lisait avec passion
les contes d'Hoffmann ; son esprit, non moins propre aux choses élevées, se plaisait dans les idées
philosophiques ; cependant il était étrangement
triste, sa constitution était maladive, nerveuse, et
sa pensée favorite, celle qu'il caressait, était celle
du suicide. J'écris ceci librement, car j'ai la pres-

que certitude que ces lignes ne tomberont jamais sous ses yeux.

Comme je l'ai dit, nous avions ensemble de longues conversations. Il me faisait raconter ce que j'avais ouï dans les cours auxquels j'avais assisté, et lui-même m'exposait ses idées, me dévoilait son ame, et je le plaignais. Il n'est guères possible de parler long-temps sans mettre à découvert ce que l'on pense; bientôt nos opinions nous furent connues, et la contradiction s'établissant, il en naissait des discussions chaleureuses d'où chacun, comme à l'ordinaire, sortait convaincu que la raison était pour lui. Peu à peu et par gradations insensibles, sa langueur diminua, sa tristesse disparut, ses yeux ternes semblèrent se colorer, et ses lèvres pincées par l'ironie tentèrent de s'épanouir; il parlait de choses inhabituées, d'amour des hommes, d'association, de révélation nouvelle....... Bientôt je fus au fait. « Venez avec moi », me dit-il un soir, « vous entendrez les nouveaux apôtres. »

Avec un sourire moqueur et une contenance ironique je le suivis. « C'est ici que s'assemblent les *Producteurs* », me dit-il. Et bientôt je le vis s'approcher d'un des hommes qui étaient là et lui serrer la main d'une manière convulsive. Là-dessus une foule bruyante envahit la salle.

Les *Producteurs*, tel a été le premier nom des Saint-Simoniens; on ne les connaissait encore que sous ce nom. M. Bazard, leur chef, réclama le silence, s'assit en face de l'auditoire, et ouvrant sa tabatière, il en huma silencieusement plusieurs prises; puis il commença froidement l'exposition d'un système auquel je compris très peu de chose. Cette réunion avait lieu dans la maison même où j'étais logé, au premier étage, dans une vaste salle qui servait aussi à plusieurs autres sociétés d'espèces différentes; c'était, comme je l'ai dit plus haut, une Sorbonne au petit-pied. Par une singulière coïncidence, cette maison, qui jadis appartint à Diderot, avait vu les premières réunions des encyclopédistes.

Après la leçon de M. Bazard, M. Enfantin fit une lecture, et l'auditoire se sépara non sans bruit.

Les *Producteurs* se réunissaient ainsi dans plusieurs quartiers de Paris, et cela librement et avec publicité.

Mon ami était intimement lié avec un *Producteur*, et ce fut ainsi qu'il connut ces idées étranges que bientôt il devait adopter.

Quelle immense quantité d'objections ne faisait
pas naître en moi cette doctrine inqualifiable !
Lorsque je me trouvais seul avec mon ami, je fon-
dais sur lui, tout sarcasmes et tout argumens. Il
supportait mes bordées patiemment, et puis il me
développait ce qu'il disait que je ne comprenais
pas; il me parlait d'avenir avec un œil angélique
et une bouche aimante.

Quoique je fusse prévenu contre les égaremens
de la raison individuelle (et qui eût pu mieux le
faire que M. de La Mennais ?), je ne laissai pas de
devenir un des auditeurs les plus assidus des *Producteurs*. Je croyais risquer peu de chose; j'étais
cuirassé contre ma raison, et j'avais subi l'épreuve
de la science moderne sans céder. Orgueil !... Je
m'exposais avec d'autant plus de confiance que
je me sentais plus fort, et le jour vint où l'attrait qui
m'y poussait fut tel, que je le sentis presque plus
puissant que ma volonté propre. Cependant mes
intentions étaient plausibles. J'écoutais leurs discours, je tâchais de bien saisir leur doctrine, je
prenais des notes; et puis, dans le silence, je mettais par écrit les objections qui me venaient en foule.
J'eus même un instant le projet de coordonner ces
objections et de les mettre sous presse, désirant,

disais-je, retirer du bourbier du mal quelques-
uns de ces jeunes hommes si imprévoyans et si
pleins de confiance.

Le lecteur pourra mettre en doute la sincérité
de ce que je dis ici sur l'état de mes idées à cette
époque; mais il n'y a cependant rien que de vrai.
Les livres que je lisais alors, mes livres favoris
étaient des livres spiritualistes. Le christianisme,
qui d'abord s'était glissé dans ma tête, était descendu dans mon cœur et réglait mes actions. J'en
atteste ici les personnes qui m'ont connu à cette
époque, et celles surtout qui avaient des relations
intimes avec moi. Cependant personne n'était plus
compréhensif que je l'étais; car j'écoutais beaucoup, je lisais, et je parlais volontiers avec qui que
ce fût.

Voici quelques-unes de ces objections que j'avais
jetées sur de petits morceaux de papier, pour m'af-
fermir moi-même et combattre les Saint-Simoniens:

— « Il faut du nouveau aux hommes du jour,
même en religion. »

— « Que l'homme est insensé! Lui dont la raison est si faible, il veut perfectionner la loi divine.
Ce que Dieu dans sa bonté infinie lui a révélé, ne

lui suffit plus. — Mais qu'en savez-vous? Croyez-vous que Dieu qui préside aux sociétés humaines, n'en connaisse pas les besoins? Vous dites donc en vous-même : Dieu devrait faire cela; c'est-à-dire, ma raison trouve que celle de Dieu n'est pas juste; car si Dieu pouvait converser avec moi, je lui prouverais d'une manière invincible qu'il a tort de laisser l'homme dans l'état d'ignorance où il est plongé.

« Mais quelle autorité avez-vous? quels sont vos titres? »

— « Il faut, disent-ils, qu'il y ait unité dans le pouvoir; que celui qui a le glaive puisse l'exercer pour le spirituel comme pour le temporel : car il n'y a rien de plus juste, de plus fort, de plus beau que l'unité... Fort bien. Mais pourquoi, établissant d'une part l'unité dans le gouvernement, veulent-ils la détruire dans la société domestique, dans la famille? Ce qu'ils admirent dans l'un doit-il par cela seul être renversé dans l'autre? »

— « Dans l'homme, qui doit commander? Est-ce le corps ou l'ame? Il faut qu'il y ait unité. Chez les chrétiens c'est l'ame. »

— « Ce sont des jeunes gens qui ne veulent pas se laisser guider ni avoir des maîtres, et qui cependant ont des prétentions religieuses. Au lieu de se coordonner par rapport au tout, ils veulent coordonner le tout par rapport à eux. »

— « Existe-t-il un être appelé l'humanité? Y a-t-il une loi physiologique de l'espèce humaine? Tous les sages et tous les philosophes ont étudié l'histoire depuis six mille ans; aucun n'a découvert cette prétendue loi. Il faut donc admettre, ou que ces sages se sont trompés, ou bien Saint-Simon. »

— « Comment concilier la loi du progrès avec la liberté de l'homme? Comment la concilier avec la bonté de Dieu, puisqu'à l'origine des choses Dieu aurait créé l'homme faible, souffrant, sujet à la mort, et par conséquent malheureux? »

— « J'entends dire de toutes parts : on ne croit plus au christianisme, c'est une religion surannée; l'esprit humain marche, il est devenu fort et peut aujourd'hui s'en passer; il cherche quelque chose de mieux, etc... Mais le christianisme n'a-t-il plus un seul croyant? Cette religion divine est-elle veuve de tous ses enfans? Et lors même que cela serait, ne dites pas que le principe est détruit; il n'est plus observé, cela peut être; mais qu'importe? Croyez-vous que la vérité dépende du caprice des hommes? Semblables à ces barbares du Nil qui blasphémaient contre le soleil, ils n'en sont pas moins éclairés par celui qu'ils abhorrent. La vérité est éternelle : avant qu'il existât des hommes, la vérité existait; et quand le monde sera brisé comme un morceau de verre, la vérité ne cessera pas d'être, car la vérité c'est l'image de Dieu. »

— « Je dirai comme Pascal : « Il y a plaisir d'être « dans un vaisseau battu de l'orage, lorsqu'on est « assuré qu'il ne périra point. Les persécutions qui « travaillent l'Eglise sont de cette nature (*). » —

On voit que je combattais les doctrines saint-simoniennes sous le rapport chrétien; et, de fait, elles ne me paraissaient vulnérables que sous ce point de vue.

Au reste, et à part toute question de principes, il y avait dans l'approche des Saint-Simoniens quelque chose de communicatif et d'attrayant que l'on ne retrouve pas ailleurs : ils se serraient la main avec effusion, ils se regardaient d'un œil attendri et prononçaient des paroles de concorde et d'amour; ils annonçaient de grandes destinées à l'humanité, la réhabilitation du sentiment religieux,

(*) *Pensées de Pascal.*

l'union des peuples, le bonheur universel.... que sais-je encore? Bref, je m'y sentais attiré, entraîné par je ne sais quelle puissance qui me poussait invincible. Je ne m'aperçus que leurs doctrines avaient pénétré en moi, que lorsque je ne fus plus le maître de m'en délivrer.

Cependant je ne cédai pas sans combat. Que de discussions chaleureuses, ardentes, mordantes, j'ai eues avec ce digne ami, ce bon Édouard! Combien de fois je l'ai pressé d'argumens, satirisé, bafoué! J'appelais à moi tout l'arsenal de ma science : je battais sa raison avec la raison générale; je lui demandais sur quoi il fondait sa prétendue révélation, quand lui, à mon grand étonnement, me répondait que si Dieu jugeait nécessaire le don des miracles, il l'accorderait à ses nouveaux apôtres. Il me comparait à Thomas, l'incrédule Thomas, qui voulait toucher les plaies de Jésus et mettait son entendement au bout de ses doigts. Ce qui me faisait le plus d'impression était ce raisonnement-ci : « Si vous aviez vécu, me disait-il, au temps de Jésus, avec votre système de raison générale, d'autorité en matière de foi, vous n'auriez jamais daigné l'écouter; vous auriez attendu que la synagogue l'eût reconnu pour le Messie : ou, si volontairement vous aviez suivi le Christ, vous auriez agi d'après votre raison et rejeté l'autorité en matière de foi. A cela il y avait certes de quoi répondre, et je ne demeurais pas court. Néanmoins cette affectation de comparer le système saint-simonien à la révélation faite par Jésus, le respect pour les révélations antérieures, la répudiation qu'ils faisaient du titre de secte, et le principe encyclopédique qu'ils apportaient, lequel ne tendait rien moins qu'à changer le dogme, la morale, le culte; tout cela, il faut l'avouer, c'était traiter la matière en grand, et l'on doit peu s'étonner qu'un esprit ouvert, comme le mien, aux inspirations religieuses, y prêtât une sérieuse attention.

✻

CHAPITRE III.

Retour à Marseille.

Il est dangereux, plus qu'on ne pense, de remuer sans cesse les hautes questions qui intéressent la vie de l'homme; à force de les tourner sous toutes leurs faces, il arrive souvent qu'affligé des taches que notre vue y aperçoit, des difficultés réelles ou peu fondées, et du voile qui

semble les dérober à notre curiosité, on tombe
dans un doute coupable ou dans un involontaire
découragement. C'est une des conditions de la
nature humaine, que lorsqu'elle veut s'élever un
peu haut, l'air lui manque, et de toutes parts l'infini, le problématique infini, se présente à elle.

Pour moi, faible peut-être plus qu'un autre, je
lisais volontiers les ouvrages de Saint-Simon et
l'Organisateur, journal publié par ses disciples; la
manière dont ils expliquaient l'histoire me souriait beaucoup. Mais ce qui fit sur moi le plus
d'impression, ce fut le *Nouveau Christianisme*, fruit
des dernières années de la vie de Saint-Simon; il y
régnait un accent d'autorité, de foi, que je ne
trouvais pas ailleurs. Chose étrange! à mesure que
j'avançais dans la connaissance du saint-simonisme, le doute commençait à s'emparer de moi. Mon
christianisme, violemment tourmenté dans ses bases, chancelait, et pourtant je n'avais guères foi
dans cette parole nouvelle qui était contre lui un
bélier de combat. Je ne croyais fermement à rien.
Le christianisme était toujours pour moi beau et
admirable; c'était une portion de vérité, mais non
la vérité pleine et impérissable; je l'aimais toujours, mais mon esprit n'osait rien conclure.

Puis, tous ces blasphèmes que j'avais entendus sortir de tant de bouches, ces ironies journalières, cette science moderne presque entièrement matérialiste, le souvenir de mes anciennes idées et de mon vieux scepticisme, toutes ces productions du jour si peu chrétiennes, tout cela venait fondre sur moi, venait m'assaillir presque en même temps, et j'étais véritablement, comme le vaisseau sur mer, battu à tout vent d'orage, sans boussole et sans pilote.

Tandis que je me trouvais sous l'empire de ces pensées, le monde politique allait son train. Il y avait peu de rapport entre moi et lui; je savais des événemens quotidiens, tout juste assez pour ne pas paraître ignorant. Je considérais, non sans raison, les idées qui m'agitaient, comme au dessus de celles qui étaient alors la préoccupation exclusive du public.

La révolution de juillet éclata : c'était une émeute, ce fut une victoire. Il n'entre pas dans mon plan d'en parler le moins du monde. Je dirai seulement que toutes les doctrines qui fermentaient alors, toutes les sociétés secrètes ou publiques, tout cela grandit d'un seul coup. Cette révolution fut, pour les esprits, comme un volcan qui bouillonne sourdement, gronde, lance vers le ciel des tourbillons de flamme, et arrose ses flancs d'une lave brûlante.

C'est ainsi que les idées bonnes et mauvaises sortirent du cratère ouvert par la révolution de juillet, Dieu sait, avec quel fracas !

Inquiet des suites de cet événement pour ma famille, et craignant une insurrection dans les provinces, je partis peu de temps après pour Marseille.

A mon arrivée dans mon pays natal, Marseille me fit l'effet d'un village. Je trouvais qu'il n'y avait ni mouvement, ni bruit. Bientôt je me retirai à la campagne, dans l'espoir de calmer par la solitude la fièvre d'esprit qui me dévorait.

CHAPITRE IV.

Je suis Saint-Simonien.

DE ma nature, j'ai toujours aimé la solitude. Timide par caractère, je crains les hommes, et souvent il m'arrive de rougir en rencontrant un inconnu. Peu familier, parlant peu, comment ai-je pu me déclarer Saint-Simonien, c'est-à-dire, faire une chose qui semble répugner à ma manière d'être? Ceci n'est pas très facile à expliquer.

Quand je retournai de Paris, je n'avais pas l'intention d'enseigner publiquement la doctrine saint-simonienne; ma foi n'était pas encore assez vive, et je craignais de causer du chagrin à ma famille. Cependant je rêvais quelque chose de semblable, à l'arrivée de celui qui le premier avait apporté à Marseille le christianisme; et, nouveau Lazare, je trouvais qu'il était beau de dire la vérité, quoi qu'il en pût coûter. Je répétais volontiers les vers suivans de M. de Lamartine. Il me semblait que le poète s'était élevé à la prophétie, et qu'il prédisait clairement la venue du saint-simonisme. Ces vers se trouvent dans l'admirable *Cantique à l'Esprit-Saint*, qui termine dignement les *Harmonies* de M. de Lamartine (*).

Les voilà ces heures divines !
Les voilà ! mes yeux, ouvrez-vous !
La poussière de nos ruines
S'élève entre le jour et nous !

(*) *Harmonies poétiques et religieuses*, par Alphonse de Lamartine; tome II, page 341.

De quel vent soufflera l'esprit que l'homme appelle?
L'ame avec plus de soif jamais l'attendit-elle?
Jamais passé sur nous croula-t-il plus entier?
Jamais l'homme vit-il, à l'horizon des âges,
Gronder sur l'avenir de plus sombres orages?
Et te prépara-t-il entre plus de nuages
          Un plus divin sentier?

     Fends la nue, et suscite un homme!
     Un homme palpitant de toi!
     Que son front rayonnant le nomme
     Aux regards qui cherchent ta foi!
D'un autre Sinaï fais flamboyer la cime,
Retrempe au feu du ciel la parole sublime,
Ce glaive de l'esprit émoussé par le temps:
De ce glaive vivant arme une main mortelle,
Parais, descends, travaille, agite et renouvelle,
Et ranime de l'œil et du vent de ton aile
          Tes derniers combattans!
. . . .

     Je le vois! mon regard devance
     Le pas des siècles plus heureux!
     La colonne de l'espérance
     Marche et m'éclaire de ses feux!
Tu souffleras plus pur sur des plages nouvelles!
Ton aigle pour toujours n'a pas plié ses ailes,
La nature à son Dieu garde encor de l'encens,
Il est encor des pleurs sous de saintes paupières,
Du ciel dans les soupirs, dans les cœurs des prières.

. . . .

Il me semblait que la société avait vraiment besoin de cette foi nouvelle, et que c'était un crime que de tenir caché ce qui devait être le salut et la consolation de plusieurs.

Une autre idée me préoccupait : je craignais que quelque Saint-Simonien, survenant de Paris, ne m'enlevât la gloire d'avoir été le premier apôtre à Marseille. A mon retour de la campagne, je reçus un grand nombre de journaux et de brochures : tout respirait le plus ardent prosélytisme et la plus entière abnégation. Des lettres de mon ami Edouard vinrent encore échauffer mon imagination : le saint-simonisme grandissait à vue d'œil; je l'avais laissé dans l'enfance, il était géant. Le nombre de ses prosélytes était immense; on ne parlait que de cela à Paris. *Le Globe,* journal périodique, venait d'écheoir à ces messieurs; des hommes influens les protégeaient, une hiérarchie s'était formée, des dames nombreuses prenaient place au milieu d'eux. Où s'arrêterait ce développement? Qui pouvait le dire?... Les journaux et les revues s'occupaient à le combattre. Enfin, c'était mon idée fixe; je ne voyais que cela au monde. Dans le même temps, un discours d'exposition, demi-sérieux, demi-ironique, fut fait, à l'Athénée de Marseille,

par un jeune homme de cette ville. Je n'y tins plus :
je me déclarai publiquement Saint-Simonien. Je
louai une salle convenable dans une maison de la
rue des Beaux-Arts, et publiquement je fis ma première prédication le 13 décembre de l'année 1830.

J'étais pourtant seul alors. Je n'avais ni prosélytes, ni personne qui m'encourageât. Je prêchais
une doctrine devant des hommes prévenus contre
elle. Je n'ignorais pas les dangers que je pouvais
courir. Je savais que j'étais au milieu d'une population ardente qui partageait encore les idées que
je venais de quitter. Je savais que j'affrontais
tout au moins l'ironie et les sarcasmes, que l'on
pouvait se venger de la doctrine sur celui qui
l'annonçait. La manière dont on avait accueilli
jadis les apôtres chrétiens m'était présente à l'esprit. N'importe, j'avais foi : tout est possible à
celui qui croit. J'affrontais le monde, j'affrontais
ma famille, et ceci n'était pas la moindre des
choses, car mon père me disait vouloir me faire
enfermer; j'affrontais les larmes de ma mère. Ajoutez que je n'avais, de ma vie, parlé en public,
ni même eu envie de parler, que je suis timide
et peu sociable, et voyez comment je pus faire
placarder à l'Athénée de Marseille cette étrange

annonce : « Demain dimanche, à dix heures du matin, il y aura une prédication saint-simonienne, rue des Beaux-Arts, n° 24. »

Mon premier discours ne fut pas mal accueilli. Le deuxième discours est celui qu'on peut lire dans le chapitre suivant. Le motif qui m'a engagé à le publier ici, c'est qu'il présente une exposition complète du système saint-simonien, et qu'il indique le sens dans lequel je l'entendais.

❄

CHAPITRE V.

—

Une Prédication saint-simonienne (*).

L'ORATEUR était encore bien jeune ; à peine si une barbe naissante venait orner ses joues. Il ne portait aucun costume distinctif; son habit était noir et sa cravate blanche. Il s'assit devant une petite table, en face de l'auditoire, et

(*) Ce discours a été placé ici pour les personnes qui seraient curieuses de savoir comment l'auteur de cet écrit entendait le saint-simonisme; il est exactement conforme à celui qui a été prononcé, et pas un mot n'a été changé : celles à qui une semblable lecture pourrait ne pas plaire sont priées de passer au chapitre suivant.

promenant ses regards autour de lui, il sembla chercher quelque chose, se recueillit un instant, leva les yeux au ciel, et les baissant aussitôt, il prononça ces paroles d'une voix ferme et sonore :

« Messieurs,

« C'est une chose étrange, au dix-neuvième siècle, lorsque tous les hommes éclairés renoncent aux superstitions de leurs pères, lorsque tout paraît avoir été dit sur les religions, de voir quelques jeunes hommes rompre avec les opinions reçues, en adopter de nouvelles, et consacrer leur existence à leur propagation.

« Au premier coup d'œil, on peut les prendre pour des sectaires obscurs, des mystiques qui ne s'entendent pas eux-mêmes, peut-être même pour des jésuites déguisés (*); mais en écoutant sérieusement la doctrine qu'ils annoncent, on s'aperçoit qu'ils n'ont aucun rapport avec les jésuites ni avec le clergé catholique, et au contraire qu'ils en diffèrent sous des rapports essentiels et fondamentaux.

(*) Cette préoccupation s'explique par la date même du discours (1830).

« Aujourd'hui, nous dit-on, l'on se dégoûte des religions. Notre siècle se distingue des siècles précédens, en ce qu'il a substitué la faculté de raisonner à celle de sentir. En effet, de nos jours, l'on ne sent plus, on pense.

« Cela est très bien et fort bon quand il s'agit des religions du passé.

« Comment sentir de l'amour pour des religions qui sont nées à des époques où les hommes avaient des idées, des sentimens et des intérêts différens des nôtres?

« Comment se plier à des superstitions qui n'ont plus de sens à nos yeux ?

« Nous qui rougirions d'avoir le costume, le langage, les mœurs d'un homme du moyen âge, nous adopterions sans examen les opinions qui le dirigeaient !

« Eh quoi! les grands événemens qui sont arrivés depuis lors, l'élévation de peuples inconnus, la chute d'anciennes puissances, la découverte d'un monde nouveau, l'introduction de littératures étrangères, l'apparition de grands génies, le protestantisme tout entier, et l'école critique du dix-huitième siècle, tous ces élémens nouveaux entrés dans le monde n'ont-ils pas dû modifier nos idées? n'ont-ils pas donné naissance à de nouveaux besoins? Et les sciences physiques aux découvertes si admirables, et l'avénement de l'industrie pacifique au pouvoir, les nations commerçantes devenues plus fortes que les nations guerrières, tout cela n'est-il rien et doit-il passer inaperçu?

« Nous dirons aux hommes qui ont renoncé aux religions antiques : Vous avez senti les progrès de l'humanité, et vous n'avez pas craint de dire que vous étiez des hommes nouveaux; vous avez bien fait. Votre rupture avec le passé prouve que vous êtes des hommes forts, et que la rétrogradation vous est impossible. Mais de ce que tout ce qu'on nomme aujourd'hui religion ne vous convient plus, il ne doit pas s'ensuivre qu'il faille condamner, sans l'entendre, tout ce qui se présentera désormais sous ce titre.

« Suivez avec nous, dans l'histoire, les progrès de l'humanité.

« Deux faits bien distincts se manifestent et d'une manière saillante :

« Tantôt une religion unit à elle un ou plusieurs peuples, en est respectée, aimée et satisfait pleinement à tous leurs besoins.

« Tantôt les peuples s'en détachent; les hommes de génie s'arment de la parole et de l'écriture, critiquent, raillent amèrement ce qui fait l'objet du respect général; et puis viennent des gens d'exécution qui traduisent en pratique la théorie des savans.

« Ces faits se présentent deux fois dans l'histoire connue de l'Europe.

« D'abord, nous apercevons la Grèce et Rome, adoratrices fidèles des dieux de l'Olympe, décorer leurs temples d'une manière somptueuse, et leur immoler des hécatombes. Avant les délibérations publiques, avant les assemblées du peuple, elles consultent les augures sacrés. En face des ennemis, elles ne livrent bataille qu'après s'être rendu les dieux favorables; et quand la victoire couronnait la valeur, de nouveaux temples étaient bâtis pour les dieux, on faisait couler le sang des victimes, et les plus riches dépouilles étaient offertes aux dieux immortels.

« Ensuite, par les progrès successifs de l'humanité, des élémens nouveaux entrent dans le monde, les besoins des peuples sont modifiés; des voix éloquentes se font entendre, interprètes des idées nouvelles. C'est Socrate, c'est Platon, c'est Cicéron, c'est Horace et une foule d'autres philosophes.

« L'alarme est grande dans le sacerdoce. Il veut retenir violemment les peuples qui l'abandonnent. Une lutte s'engage ; elle dure quelques siècles. Des hommes généreux succombent pour le progrès , et enfin la victoire demeure aux idées nouvelles.

« Cependant la société entière, privée de ses anciennes croyances, est dans un état de malaise insupportable. Elle se glorifie d'avoir rompu avec le passé, mais elle n'est point satisfaite du présent. Elle s'agite en tous sens ; elle cherche ce qui lui manque, et ne le trouve pas.

« Alors la satire amère se fait jour : ce sont les Tacite, les Juvénal , les Diogène et les Lucien.

« Au milieu de ces hommes maladifs et incertains, au milieu de cette société décrépite et mourante, surgissent des gens obscurs qui vont disant aux hommes quel est leur mal et leur indiquant le remède. Ils ont compris, mieux que les plus grands philosophes, les besoins de leur siècle. Ils ont rassemblé les élémens épars d'une société nouvelle ; ils réchauffent les cœurs par des principes nouveaux : à l'égoïsme ils font succéder l'amour ; aux chants de désespoir, les hymnes de reconnaissance.

« L'esclave tressaillit dans ses chaînes, quand il entendit proclamer le grand principe de la fraternité universelle. La femme salua de ses vœux un dieu de paix et d'amour, un dieu de charité. Les hommes nouveaux se rassemblent dans les catacombes; ils affrontent les supplices avec une espèce de joie; et dans les cirques, au milieu du patriciat romain et des dames romaines pompeusement parées, devant l'Empereur et le sacerdoce païen, ils se proclament les disciples d'un Juif supplicié, ils se proclament chrétiens jusque sous la dent des bêtes féroces.

« Voilà les hommes du progrès, voilà les hommes qui doivent régner dans l'avenir !

« Cependant, le polythéisme vieilli croule de toutes parts. En vain un empereur nommé Julien veut restaurer l'antique édifice; en vain il veut s'opposer aux progrès de l'humanité. Il n'est pas en la puissance de l'homme d'arrêter la marche de la société : la loi du progrès est une loi providentielle.

« Le christianisme s'assied sur le trône des Césars. Il se répand peu à peu dans toute l'Europe. Les fers de l'esclave sont brisés. Les affranchissemens deviennent très nombreux. Le reste des esclaves passe dans le servage.

« Le servage est un grand adoucissement à leur sort : le serf est une personne, il a le même Dieu que son maître, il est appelé aux mêmes destinées que lui ; si le seigneur abuse de son pouvoir sur la terre, il en sera puni dans le ciel. Enfin le prêtre catholique, ministre d'un dieu pauvre, d'un dieu de charité, défend les pauvres et les faibles, introduit des sentimens d'humanité dans l'ame farouche des guerriers, et prêche sa doctrine régénératrice au milieu des nations barbares qui envahissent l'Europe.

« Alors le pouvoir réel, le pouvoir de l'opinion passe aux mains du catholicisme : il bâtit des temples, des palais, s'entoure de richesses et de dignités ; sa voix commande le calme et la tempête ; il fait incliner les rois devant son trône d'or.

« Mais les pauvres, mais les faibles, qui les soutiendra ? Générations présentes ! celui qui se disait le serviteur des pauvres, s'est couvert tout entier d'or et de pierreries ; il s'est logé dans de somptueux palais ; il s'est créé une cour et une armée ; il a disposé des royaumes et les a donnés à ses favoris. Dans son orgueil, oubliant sa mission, il avait élevé des colonnes et dit à l'humanité : Tu n'iras pas plus loin !

« Mais des hommes se sont élevés, qui ont protesté contre ce faste, ce luxe et ce pouvoir mondain. Ils ont appelé les peuples à l'indépendance religieuse, et les peuples ont répondu à leur voix : Luther et Calvin, voilà ceux qui donnèrent le signal de la critique ! En vain le catholicisme met ses armées en mouvement; le pouvoir des Espagnes expire devant quelques provinces soulevées. Le protestantisme se répand comme une étincelle électrique. Cependant, que feront les papes pour retenir les nations prêtes à leur échapper? Ils établiront la sainte inquisition et la société de Jésus.

« Mais c'est en vain : les moyens de violence et de force brutale ne sont pas meilleurs que ceux de la ruse et de la souplesse. Alors paraissent les philosophes du dix-huitième siècle. Ils s'emparent de la science, et avec cette arme puissante ils sapent peu à peu les fondemens du christianisme. Les plus hautes conceptions philosophiques, les allusions les plus fines et la raillerie la plus amère tendent au même but.

« Enfin le clergé lui-même, dans une espèce de délire, s'associe aux hommes qui travaillent à sa ruine, et la révolution française vient terminer ce drame et mettre à exécution les principes soutenus depuis trois siècles.

« Le christianisme a donc eu sa période de grandeur et de décadence; comme le polythéisme, il a tour à tour été florissant et déchu.

« Mais, après la chute du polythéisme, s'est élevée une religion nouvelle entièrement conforme aux besoins de l'époque. Par le principe de l'analogie, et d'après la constance des lois qui régissent le monde moral, nous pouvons avancer hardiment qu'au christianisme doit succéder une religion nouvelle qui rallie à elle tous les progrès faits par l'humanité, et l'entraîne vers des progrès nouveaux : cette religion est la religion saint-simonienne.

« Aujourd'hui que le retour du passé n'est plus à craindre, que notre glorieuse révolution de juillet l'a anéanti pour toujours (*), la société s'agite incertaine et sans but.

« Elle n'a plus de foi, plus d'opinions communes. Chaque homme se crée son dieu, sa religion; chacun se trace un plan de conduite. Les hommes tra-

(*) Ces paroles portent l'empreinte de leur date; on trouvera encore plus bas quelques allusions : les idées du moment agissent toujours sur l'esprit d'un orateur.

vaillent divisés et isolés, dans un état de guerre
les uns contre les autres : l'égoïsme est la grande
plaie de notre société.

« Et cependant que font les beaux-arts? Ils
expriment ces sentimens; ils se complaisent dans
la satire et dans l'ironie, ils dépeignent avec une
exactitude cruelle toutes les souffrances de l'i-
solement et du désespoir. Ils semblent nier la
Providence et établir au dessus de l'homme une
impitoyable fatalité. Ils nous retracent les souffrances des prisons, des bagnes et des échafauds.
Les scènes les plus tragiques, les plus sanglantes,
ne trouvent plus que des cœurs blasés. Et l'acte
d'héroïsme qu'ils nous vantent, où est-il? c'est le
suicide... Ames de Gœthe et de Byron, vous avez
bien vivement senti nos douleurs, notre impuissance et tout le vide de notre état social ! Que de
railleries vous avez jetées sur l'humanité? car il
est réservé aux artistes, à ceux qui sentent le plus
vivement, à dépeindre nos maux d'une manière
énergique.

« Et cependant la société est divisée, morcelée
à l'infini; point de sentimens communs, point
d'opinions communes, point de but commun.
Chaque individu, renfermé dans sa conscience

comme dans un sanctuaire impénétrable, pense seul, agit seul. Il regarde d'un air de mépris les hommes ses semblables. La ruse et la fourberie sont ses armes journalières, au milieu d'une arène où le plus habile et le plus fin demeurent vainqueurs.

« Aussi voyez les actes de notre société. Quand il a fallu renverser la royauté militaire et le clergé catholique, elle s'est unie un instant; mais, après la victoire, elle a été impuissante pour organiser. Des hommes capables ont saisi le pouvoir, mais pour montrer l'inanité de leurs théories.

« Les liens de la société se relâchent de plus en plus; aucun amour ne lie ses membres, aucune science ne règle ses mouvemens, aucune force ne coordonne ses efforts.

« Si cet état se prolongeait, nous reviendrions à la barbarie, nous serions dans un isolement sauvage; et l'humanité, au lieu de marcher vers une association de plus en plus grande, se fractionnerait, se diviserait de plus en plus.

« Le principe sympathique serait donc une fausseté? Notre société vieillie n'aurait plus qu'à rendre le dernier soupir?

« Non : un sentiment plus fort que tous les raisonnemens, un invincible sentiment, nous crie que la société ne doit pas périr, mais au contraire qu'elle est destinée à grandir et à prospérer encore.

« Qui doit donc lui donner la vie? Quelle est la lumière qui s'élève d'en-haut pour guider les peuples? Une voix providentielle ne s'est-elle pas fait entendre quelque part dans le monde? N'a-t-il pas apparu quelque nouveau Messie, qui, entouré d'hommes malades et agonisans, leur ait dit d'une voix forte : Levez-vous et marchez!

« Oui, des hommes l'ont entendue, et leur cœur a tressailli d'allégresse. Ils étaient faibles et égoïstes; ils sont devenus forts et aimans. Ils se nourrissaient de fiel et d'amertume, ils gémissaient dans les angoisses du doute; et ils se sont abreuvés de foi, d'espérance et d'amour; et leur langue, qui n'avait jamais exprimé que la haine, s'est pliée mollement au langage sympathique.

« Ecoutez donc! Voici les signes qui annoncent au monde la religion saint-simonienne :

« Un passé tout entier qui s'écroule avec ses religions et ses pouvoirs royaux;

« L'Europe tout entière applaudissant à cette chute :

« Un présent faible et inanimé qui traîne une vie languissante ;

« Des millions de prolétaires qui s'agitent demandant un affranchissement ;

« Enfin, la société entière ayant une espèce de pressentiment de quelque chose de nouveau et d'inattendu.

« Maintenant que nous sommes appuyés sur la loi du progrès de l'humanité, sur les besoins de notre époque, sur la constance des lois qui régissent le monde moral, on ne nous demandera plus, en souriant, pourquoi nous parlons de RELIGION.

« Quelques hommes nous reprochent de nous envelopper de termes que nous seuls pouvons comprendre, d'adorer des symboles mystiques, d'être trop ardens, trop sympathiques pour la société actuelle, et nous accusent de sentimentalité (*).

« Nous répondons que lorsque une religion nouvelle s'élève, et qu'elle apporte aux hommes des choses nouvelles, il faut bien qu'elle emploie des termes nouveaux, ou qu'elle détourne certains mots de leur signification première ; que ces sym-

---

(*) Cette objection et les suivantes avaient été faites dans la précédente séance.

boles dont nous parlons ne sont autre chose que les symboles de Dieu vivant et de la loi du progrès ; que nous ne pouvons nous empêcher d'aimer la société, parce que nous croyons que la société est en souffrance, qu'elle a besoin de nous et qu'elle viendra à nous. Enfin, le reproche de sentimentalité est aussi absurde que possible. Appelez sentimentalité, si vous le voulez, cette espèce d'instinct qui isole l'homme sympathique de notre société froide et égoïste, qui le conduit sur les bords des mers pour écouter la voix des tempêtes, qui l'entraîne dans les forêts, sur les bords d'un torrent, au sommet des montagnes, ou bien au milieu des tombeaux, des ruines et des spectacles de désolation.

« Je suis loin de blâmer ces hommes : ce sont eux justement qui sentent tout le vide de notre état social ; qui, ne pouvant sympathiser avec les hommes de nos jours, vont chercher la divinité au milieu des grands tableaux de la nature.

« Mais parce que cette sentimentalité est individuelle, qu'elle n'est point sociale, qu'elle n'influe en rien sur les destinées de l'humanité, nous la condamnons comme inutile, et nous appelons ces artistes à venir développer leur sentiment dans la société et pour la société.

« Il n'y a rien de vague dans le sentiment qui anime les hommes de notre doctrine. Nous savons notre point de départ, ce que nous avons à faire et où nous allons. Nous connaissons le mal de la société, et la même bouche qui lui dit sa maladie, lui indique le remède. Nous sommes des hommes éminemment sociaux. Dans nos prévisions, nous embrassons tous les modes de l'activité humaine, tous les peuples, et nous croyons satisfaire à tous les besoins. Si quelquefois, animés par le spectacle de la grande famille humaine unie et associée, nous ne pouvons arrêter des cris d'admiration et de joie, c'est que nous avons foi dans notre doctrine ; c'est que cet avenir, quoique dans le lointain, nous apparaît comme une chose réelle et positive.

« Mais ici une nouvelle objection, entièrement contraire à la première, nous est faite. Je pourrais renvoyer les deux adversaires à se combattre l'un l'autre ; je crois cependant nécessaire de donner quelques éclaircissemens.

« On nous dit que ce que nous appelons religion n'est pas une religion ; que la religion est quelque chose de surnaturel, entouré de miracles et de mystères ; que la religion n'a pour but que de diriger l'homme vers une vie à venir, qu'elle est toute spirituelle, et qu'elle ne doit pas s'occuper des choses terrestres.

« Ceci demande quelques explications : lorsqu'on voit paraître des hommes parlant au nom de Dieu, on s'imagine que ce sont des sectaires qui se séparent du catholicisme, ou qui modifient les idées protestantes avec plus ou moins de subtilité ; cela s'est vu jusqu'à nos jours. Il n'avait point encore paru de religion nouvelle qui, rejetant le nom de *secte* qu'on voulait lui attribuer, se déclarât religion-mère, comme la loi de Moïse et le christianisme. De là une préoccupation bien naturelle : les milliers de sectes qui divisent l'Europe avaient maintenu, ou à peu près, ce qu'on appelle les dogmes fondamentaux du christianisme; et la surprise est grande quand on entend une religion nouvelle, entièrement distincte des religions du passé, qui résout tous les grands problèmes sociaux d'une manière différente, et qui donne à l'homme un but nouveau.

« On lui objecte aussitôt que ce n'est pas une religion. Je conviens qu'il y a une différence totale entre les religions existantes et celle-ci, mais il ne s'ensuit pas de là que ce ne soit point une religion.

« Je suppose, pour un moment, que nous soyons

au premier siècle de l'ère chrétienne, entourés,
d'une part, des temples et du sacerdoce païens,
et, de l'autre, par les institutions de Moïse.

« Nous croyons aux gracieuses fictions de la
mythologie : nous plaçons des dieux sur les eaux,
sur les montagnes, dans les bois, dans les airs, à
nos foyers domestiques; nous savourons tous les
plaisirs sensuels de la vie, et nous sommes entourés
d'esclaves attentifs à nos moindres signes.

« Voici venir un disciple de Jésus, qui nous dit :
« Vous croyez à une foule de dieux; il n'y a qu'un
« Dieu. Vous croyez que les dieux sont matériels;
« Dieu est pur esprit. Vous êtes bien logés, bien
« habillés, bien nourris; ce sont là des plaisirs de
« la chair, et la chair doit être mortifiée. Vous avez
« des esclaves; tous les hommes sont frères. Vous
« croyez que vos dieux vous sont favorables; mais
« vous avez eu besoin de rédemption. Enfin, la
« terre n'est qu'un lieu d'exil, de larmes, un tor-
« rent de misères et de douleurs, et le but de la
« vie est dans les cieux. »

« Savez-vous ce qu'on lui répondait ? Voici
l'effet que produisait cette doctrine à Athènes au
sein de l'aréopage :

« — Mais lorsqu'ils entendirent parler de la ré-

« surrection des morts, quelques-uns s'en moquè-
« rent, et les autres dirent : Nous vous entendrons
« une autre fois sur ce point. » (*Actes des Apôtres,*
chap. 17ᵉ.) —

« Voici encore ce que Festus répondait à saint
Paul :

« —Lorsqu'il disait ces choses pour sa défense,
« Festus s'écria : Vous êtes insensé, Paul : votre
« grand savoir vous fait perdre le sens. — Paul lui
« répondit : Je ne suis point insensé, très excellent
« Festus ; mais les paroles que je viens de dire sont
« des paroles de vérité et de bon sens. » (*Actes
des Apôtres,* chap. 26ᵉ.) —

« Enfin, ce même disciple, s'adressant aux Juifs,
pouvait leur dire :

« Vous considérez Dieu sous un rapport ma-
« tériel ; Dieu est pur esprit. Il vous promettait des
« récompenses et des punitions sur la terre ; ces
« peines et ces récompenses n'auront lieu qu'après
« la mort. Vous goûtez les douceurs de la vie ; mor-
« tifiez-vous, jeunez, couvrez-vous de cendre et de
« cilices. Il n'est pas besoin pour adorer Dieu d'aller
« dans le temple bâti par Salomon ; vous pouvez
« l'adorer partout et en tout temps. Enfin, vous
« croyez que Dieu vous a choisis comme un peuple

« unique pour vous protéger, et qu'il abandonne
« le reste du monde aux ténèbres et à la barbarie :
« cela est faux ; tous les hommes sont frères, et votre
« dieu est le dieu des Juifs comme celui des Gentils. »

« Que lui répondaient les Juifs ?... Vous savez
qu'ils ont crucifié Jésus, lapidé saint Étienne et
fait périr une foule d'apôtres.

« Pour revenir à ce que je disais tout à l'heure,
croyez-vous que les Juifs et les hommes du polythéisme regardaient le christianisme comme une
religion ? nullement.

« Les idées religieuses se liaient, dans l'esprit des
uns, à Jupiter, à Neptune, à Junon, à Mars, à
Pluton, à Vénus ; en un mot, à toutes les divinités
du paganisme.

« Chez les Juifs, les idées religieuses c'étaient :
le temple de Jérusalem, l'arche sainte, les pains
de proposition, les bassins sacrés, les cérémonies
majestueuses et les rabbins.

« Croyez-vous que les apôtres de Jésus eussent
éprouvé une résistance si longue et si sanglante,
si l'on eût cru à leur mission religieuse?

« C'est précisément parce qu'on ne croyait pas
que ce qu'ils annonçaient fût une religion.

« Aujourd'hui, Messieurs, que le christianisme

a porté ses fruits dans toute l'Europe, que l'éducation de la jeunesse est une éducation chrétienne, il n'est pas étonnant que les idées chrétiennes demeurent dans les esprits, lors même que l'on s'est affranchi des pratiques du christianisme. Ainsi, le mot de religion se lie aujourd'hui à un Dieu pur esprit, à des miracles, à des mystères impénétrables et à une rédemption. La vie n'est qu'un temps d'exil, un lieu de souffrances, et l'homme juste n'attend sa récompense qu'après la mort. *La matière* est méprisée; deux principes se combattent: l'esprit et la chair, Dieu et le diable, l'Eglise et l'Etat.

« Nous ne croyons pas à la vérité absolue du christianisme; nous croyons seulement à sa vérité relative. Lorsque cette doctrine parut dans le monde, elle était d'une nécessité imminente, pour tirer la majorité des hommes de leur abrutissement, et pour leur faire goûter des jouissances autres que celles des sens. Il fallait encore consoler de leurs misères cette foule d'esclaves affranchis qui, malgré leur liberté, étaient à jamais exclus des douceurs et des plaisirs de la vie. Une doctrine spiritualiste leur fut prêchée : elle a eu de grands résultats, et chacun peut les apprécier.

« Aujourd'hui l'état de la société est bien différent ; aussi lui tenons-nous un langage nouveau. Nous disons :

« Le dieu révélé par Saint-Simon est l'être infini qui se sent vivre dans l'immensité et qui se manifeste sous des formes finies dans tout ce qui est.

« Ce dieu est le symbole de l'amour, le principe de toute sagesse, le type de toute beauté.

« L'homme doit se rapprocher de Dieu. Dès lors il doit croître en amour, en intelligence et en force.

« L'amour donne naissance aux religions, l'intelligence aux sciences, et la force à l'industrie. Dès lors la religion, la science et l'industrie doivent marcher de concert et d'une manière harmonique.

« L'homme n'est pas déchu d'un état plus parfait ; il a commencé, au contraire, par être faible, ignorant et isolé : sa première religion a été une religion individuelle ; mais il s'est avancé de progrès en progrès. Il y a eu progrès dans les religions comme dans les sciences, comme dans l'association. Ce qu'on nous a présenté jusqu'à ce jour comme la chute de l'homme, est son premier progrès.

« Il n'y a pas dans le monde deux principes qui se combattent éternellement, Dieu et le diable; il n'y a qu'un seul principe, c'est celui du bien.

« Notre dieu n'est plus le dieu des Juifs, armé de la foudre et la menace à la bouche; ce n'est plus le dieu des chrétiens, qui permet l'existence du mal et qui s'appelle le dieu des armées.

« C'est le symbole de l'amour, c'est le symbole de la paix, c'est le dieu du progrès.

« Notre religion n'est pas entourée de miracles ni de mystères. Les hommes d'aujourd'hui sont assez éclairés pour ne plus avoir besoin de ce cortége des religions antiques.

« La terre n'est plus un séjour de larmes; c'est une terre promise où les hommes trouveront le bonheur dans la pratique des beaux-arts, de la science et de l'industrie.

« Le but de l'homme n'est pas de se détacher de la terre pour vivre dans les cieux; c'est d'être utile à ses semblables, c'est de contribuer aux progrès de l'humanité.

« Le but des hommes en société est l'exploitation générale du globe sous le triple rapport des arts, des sciences et de l'industrie.

« L'humanité ne doit plus être divisée en deux sociétés : l'une spirituelle, l'autre temporelle ; mais elle doit former une seule association, où les travaux scientifiques et industriels seront également préconisés, honorés, sanctifiés par les artistes et les prêtres.

« Le travail n'est pas une expiation douloureuse, mais c'est la source de toute joie et de toute gloire.

« Enfin, toute religion qui se dit nouvelle doit avoir de nouveaux dogmes, une nouvelle morale, un nouveau culte.

« C'est ce que possède la religion saint-simonienne.

« Nous croyons que l'esprit et la matière sont les deux faces de la substance de Dieu.

« L'intelligence et la force sont les deux manifestations de son amour, les deux sources par lesquelles la vie éternelle et infinie se communique progressivement à ceux qui prennent part, selon leurs mérites, aux travaux de la société et aux jouissances que ces travaux ont produites.

« L'humanité n'est pas déchue ; au contraire elle est progressive.

« Le précepte de l'égalité des hommes devant

Dieu fut sans doute très favorable aux progrès de l'humanité, tant qu'il eut pour objet d'abaisser les hiérarchies guerrières du patriciat antique et de la féodalité, et de détruire les distinctions fondées sur le droit de conquête et le hasard de la naissance; mais aujourd'hui que les priviléges des castes et l'hérédité des titres et des fonctions ont disparu, ce principe d'égalité ne peut avoir d'autre résultat que de retarder la distinction qui tend à s'établir parmi les hommes d'après leur mérite personnel; distinction qui doit remplacer celle primitivement fondée sur la force militaire et sur la naissance.

« Il est certain qu'aujourd'hui les hautes capacités morales intellectuelles et industrielles parviennent à grand'peine aux postes qu'il est le plus utile, pour la société, qu'elles occupent; et le précepte chrétien de l'égalité des hommes devant Dieu, qui n'a pas pour effet d'accélérer l'élévation des ames supérieures en leur donnant le sentiment de leur supériorité, mais qui doit au contraire la retarder en inspirant aux esprits médiocres, aux capacités inférieures, des prétentions absurdes de nivellement; le précepte chrétien de l'égalité ne peut désormais avoir aucune puissance féconde et génératrice sur le monde, ni servir de base au nouvel ordre social.

« La tendance de l'humanité étant visiblement de former une seule association, une seule famille, la religion a pour mission aujourd'hui d'associer les hommes, en distinguant, en développant leurs inclinations, leurs capacités individuelles.

« Le précepte religieux, afin de nous enflammer d'enthousiasme et de foi, exaltera donc nos sympathies pour l'humanité et le monde extérieur.

« Il ne nous dira pas vaguement d'aimer le prochain, mais, dans l'humanité, il nous fera préférer ceux qui, unis à nous par une conformité d'études et de travaux, sont, dans la direction que nous suivons, nos maîtres ou nos élèves ; et dans le monde extérieur, la religion nous fera préférer la sphère spéciale où Dieu nous appelle à développer la capacité, la grace dont il nous a doués.

« Enfin, pour le culte, vous savez que les cérémonies du christianisme ont pour objet de déployer sous des formes variées les misères et les douleurs de la vie : ses sacrifices sont des sacrifices d'expiation.

« Comme le culte n'est que la réalisation du dogme, celui de Saint-Simon inspirera le désir du progrès et la joie qui suit l'accomplissement de ce désir.

Il représentera Dieu comme un symbole d'activité; il inspirera l'amour du travail et l'horreur du repos.

« Tout homme qui concevra ou qui fera quelque chose propre à augmenter le bien-être intellectuel et physique des sociétés, pratiquera un acte religieux :

« Ainsi, l'artiste qui s'occupe de son art, l'industriel de sa profession, le savant de sa science, font des actes utiles à l'humanité et par cela seul religieux.

« Nos cérémonies développeront toutes les inclinations, toutes les capacités, en étalant d'avance, aux yeux de tous, le bonheur, la gloire, les richesses que les hommes associés sont appelés à conquérir par leur travail.

« Les beaux-arts seront appelés à décorer notre culte de toutes les richesses de la poésie.

« Ainsi, le Dieu révélé par Saint-Simon, prenant sous sa protection tous les modes de l'activité de l'homme,

« Harmonise la religion, la science et l'industrie;

« Déclare l'affranchissement complet des pauvres et des faibles;

« Etablit une hiérarchie sur le droit de la capacité;

« Et réunit tous les hommes fidèles et infidèles
dans une association universelle.

«Ainsi donc, d'après le tableau que j'ai exposé,
devant vous, de la loi de Moïse, du polythéisme,
du christianisme et de notre religion nouvelle, vous
pouvez comprendre que *la pensée religieuse* s'est
successivement développée et agrandie; qu'elle a
revêtu, dans ses phases diverses, des formes de
plus en plus larges et précises, de plus en plus
gracieuses et douces, depuis les conceptions grossières des peuplades primitives, jusqu'aux ensei-
gnemens.que nous donnons aujourd'hui.

« Admirez donc avec nous cette grande loi providentielle qui, au moment où la société est privée de
foi et d'amour, suscite des hommes pour la régénérer; qui ne laisse pâlir le flambeau sacré de la religion, que pour lui donner un nouvel éclat; et qui, à
chaque époque palingénésique, suscite des révélateurs qui présentent à l'homme et à l'humanité
une nouvelle destination.

« Vous connaissez le mythe symbolique de
l'Egypte : le phénix, épuisé de jours, construit un
bûcher et se brûle; mais de ses cendres naît un

phénix plein de jeunesse et de vigueur, qui, déployant ses ailes, va prendre possession de l'empire des airs :

« Ainsi, la pensée religieuse, à chaque grande crise sociale, semble se consumer et s'éteindre; mais quand on la croyait morte, on la voit reparaitre plus brillante, plus radieuse, et s'élancer à de nouvelles destinées. »

❄

CHAPITRE VI.

—

Je suis Saint-Simonien.

BIENTÔT la foule envahit la salle. Je fus obligé de distribuer des cartes d'admission et d'établir un portier, avec ordre de ne laisser entrer personne sans carte. Malgré cela, le local était trop étroit, les auditeurs trop nombreux.

Les doctrines que j'avançais étaient bien hardies.

et j'ai prononcé un discours vraiment incendiaire sur l'abolition de l'héritage ; cependant aucun désordre grave n'a eu lieu dans ces séances, et elles se sont toujours terminées par des applaudissemens. En outre, le jeudi il y avait une conférence plus intime ; c'était alors que se débattaient les objections : quelques personnes honorables m'y ont accordé une attention marquée.

Tout cela, je le faisais avec facilité. Deux jours ou trois, au plus, me suffisaient pour écrire un discours tel que celui qu'on vient de lire. Je parlais sans hésitation, sans trouble, avec feu, mais aussi avec calme. Dans mes séances familières je demandais ingénument à mes auditeurs quelle objection ils avaient à présenter, et de quelque nature qu'elle fût, je trouvais aussitôt une réponse prête. Ceci n'était pas une mince affaire, car chaque auditeur partait du point de vue à lui personnel, et ce que l'un venait d'accorder, l'autre le niait. J'ai alors observé clairement l'anarchie des esprits, et combien peu d'hommes ont des principes fixes ou un système arrêté d'idées. En général, les objections qu'on me faisait partaient du point de vue sceptique et matérialiste.

A considérer les choses de sang-froid, et telles

qu'aujourd'hui elles m'apparaissent, il y avait
témérité, je dirais presque fatuité, à se déclarer
ainsi le champion d'un système bizarre et à porter
si hautement défi à tout homme, à toute croyance,
quels qu'ils fussent. Avais-je assez long-temps mé-
dité les choses humaines? Etais-je assez instruit,
assez habile à bien dire? En vérité non. Cependant, quoi qu'on en pense, dans cet essai je n'ai
pas failli. Je portais le fardeau gaiment, la tête
haute et le cœur content. Ma parole était affable,
ma physionomie riante; ma main appelait la main;
je prévenais mes amis, je leur parlais, je les exhor-
tais; je causais volontiers avec les inconnus. Si le
bonheur est quelque part dans le monde, il est
sans contredit dans la foi, et j'avais foi. Toutes
mes actions étaient aisées et pleines. Quand j'écrivais, ma plume volait sur le papier. Lorsque j'y
réfléchis, et qu'aujourd'hui je me trouve si différent de ce que j'étais, je ne puis m'empêcher de
croire qu'il y avait en moi quelque chose de plus
que moi; j'obéissais à une impulsion plus forte
que tout; ma volonté était entraînée, j'agissais
presque sans y avoir pensé. Qui me soutenait dans
cette périlleuse épreuve? Qui avait mis un bandeau
sur mes yeux? Qui me présentait un oasis des

plus frais, des plus rians? Qui me donnait cette
plénitude de santé? Qui m'accordait ce torrent
d'idées, à moi dont la raison avait toujours été
calme et contemplative? Je n'étais soutenu par personne; quelques jeunes gens goûtaient les nouvelles doctrines, quelques prosélytes s'annonçaient,
mais tout cela faiblement, avec timidité; et loin
de recevoir d'eux, je leur donnais plus qu'ils ne
pouvaient prendre.

Cette différence que j'ai trouvée en moi-même,
avant et depuis, ce développement si grand de sentimens qui sont contraires à ma nature, me font
soupçonner, je dirai presque pressentir l'existence
d'intelligences plus fortes, plus hautes que l'homme
qui peuvent se jouer de lui et le terrassent par
leur simple contact.

Mais alors, dans ma ferveur, je répétais ces paroles : « — Le monde est contre moi, mais Dieu
« est avec moi; c'est lui qui m'inspire, etc. » —

Cependant le saint-simonisme venait de rejeter
toute apparence de doctrine humaine, c'était maintenant une révélation ; ceux qui croyaient en lui
s'appelaient prosélytes, prêtres, apôtres. Une hiérarchie composée de quatre rangs s'était formée, sans
compter le degré d'initiation ou celui des aspirans:

on plaçait d'abord dans ce dernier toute personne
que l'on voulait admettre, quel que fût d'ailleurs
son mérite.

J'avais cru devoir rendre compte à mes supé-
rieurs de Paris de ce que je venais de faire, je fus
promu d'emblée au troisième degré. Cette distinction, que je jugeai flatteuse et que je dus à la
recommandation de mon ami Edouard, fut dans
la suite une chose que l'on n'accordait guères qu'à
ceux qui avaient rendu d'importans services.

Malgré les appréhensions plus ou moins vives
que l'on cherchait à me donner, le cours de mes
prédications allait se continuant sans trop de trouble; mais, pour moi, je n'étais plus si tranquille.
Des personnes qui m'aimaient, me disaient qu'on
en voulait à mes jours : je recevais des lettres ano-
nymes, dégoûtantes d'injures et de menaces; on
me rapportait de singuliers propos, des horreurs
qui couraient sur mon compte; on me calomniait, et
les plus indulgens se contentaient de me railler.
Tout cela commençait à m'affecter.

Il se répandait des bruits étranges : des personnes me connaissant bien affirmaient m'avoir
vu à la suite d'un convoi funèbre, faisant les

fonctions de prêtre, revêtu d'habillemens blancs ; d'autres disaient que je m'étais marié avec je ne sais quelle danseuse de théâtre, et que je me proposais de m'en servir comme d'une aide dans le ministère de prédicant. Ceux-ci me regardaient comme un diable, comme un athée ; ceux-là, comme un commis-voyageur des révolutionnaires de juillet. Dans la ville, pendant quelque temps, il ne fut bruit d'autre chose, et peut-être que sans le savoir j'ai donné lieu à plus d'un cauchemar.

Cependant j'étais fier de mes récentes fonctions et j'en sentais l'importance. Porteur et apôtre d'une révélation nouvelle, je croyais ne le céder à nul autre ; aussi, lorsque, en face de mes audi-teurs, assis devant ma petite table, je parlais de Dieu et des hommes, c'était avec gravité, avec respect. Au fait, ce n'était pas moi qui parlais ; j'exposais des doctrines à la production desquelles je n'avais pas contribué : ce qui seulement m'ap-partenait, c'était la manière dont je les concevais, le sens qu'elles prenaient dans ma bouche, et l'ordre dans lequel je les distribuais.

On m'a dit qu'à cette époque plusieurs prêtres catholiques traitèrent les idées saint-simoniennes d'invention satanique, et que du haut de leur chaire ils excitaient contre elles l'animadversion générale. Je crois cela possible, mais c'était attribuer à la chose plus d'importance qu'elle ne méritait. De plus, quoique Saint-Simonien, je ne disais rien d'hostile à la religion catholique : point de sarcasmes, point d'ironie, nulle désignation directe ni indirecte. C'est une satisfaction pour moi, et un témoignage que je puis me rendre, de n'avoir jamais prononcé un seul mot qui pût ressembler à de la haine ou à du mépris envers le christianisme; et si le lecteur se ressouvient de ce que j'ai dit plus haut, il en sera peu étonné. J'étais naguères chrétien, et le saint-simonisme, tout en prétendant apporter aux hommes un plus grand développement de vérités, n'en avait pas moins de respect pour les systèmes religieux antérieurs. C'était, selon lui, une gradation nécessaire, une espèce d'initiation par laquelle les hommes avaient dû passer.

Mes prédications avaient lieu le dimanche; d'abord ce fut le matin, ensuite le soir. Je ne puis m'empêcher de le dire : il y avait quelque chose de sombre et d'austère dans ces discours faits à la maigre lueur de quelques chandelles, devant un auditoire de plus de deux cents personnes, par un

jeune homme qui parlait des choses les plus inté-
ressantes et les plus profondes, qui traitait de
Dieu, de la nature et de l'homme; qui, avec quelques formules puissantes, voulait régénérer le
présent et procurer à la société, pour qui son
amour brûlant se répandait en laves, un avenir
de gloire et de bonheur. Quelquefois la voix des
hommes du dehors qui encombraient la rue se
faisait entendre bruyamment, la porte extérieure
cédait aux efforts, et l'on entendait la foule qui
montait battante comme les eaux de la mer. Le
prédicateur était interrompu; il s'arrêtait pâle et
incertain, ne sachant si ces gens apportaient la
paix ou la guerre; puis, sans rien éclaircir, parler
au milieu du tumulte, reprendre le fil de ses idées,
et parcourant ces régions si belles de la pensée,
ne s'apercevoir qu'il était au milieu d'une émeute
qu'alors que quelques murmures suivis d'applaudissemens forcenés venaient lui rappeler qu'il était
sur terre, entre des ennemis ardens et des amis
que sa parole faisait vibrer comme l'enclume sous
le marteau.

Au reste, je craignais si peu ces rumeurs, qu'une
fois, bien que la salle fût pleine, je donnai
moi-même l'ordre au portier de laisser entrer le

groupe qui se formait menaçant dans la rue, et
tout se passa comme à l'ordinaire. Alors, dans ma
rêveuse fantaisie, je comparais cela aux catacombes; et certes, quant à moi, il y avait peut-être de
la ressemblance.

Le public ne se doutait guères qu'un jeune homme, tout seul, pût faire tant de bruit. L'imagination de mes compatriotes se figurait des monstres.
On disait qu'il y avait dans la ville des nuées de
Saint-Simoniens; quelques-uns craignaient la violation des églises chrétiennes : on nous attribuait
un argent immense, et un homme d'affaires, un
avocat, offrit de me vendre la maison qui servait
à nous réunir.

Cependant l'opinion n'était pas douteuse : elle
s'élevait hautement contre moi; mais j'étais dé-
dommagé de cette haine par les paroles d'amitié
et de sympathie qui s'échappaient de la bouche
de plusieurs demi-convertis. Quel encouragement!
Cent propos de haine font moins de mal qu'une
parole d'amour ne fait de bien au cœur, ou tout
au moins cette dernière fait oublier les premières.
C'est ainsi que je passais ma vie, au milieu de mes
nouveaux disciples, leur parlant, les catéchisant;
ou bien j'écrivais le sujet de mes prédications

prochaines, tout au long ou par notes; je publiais
quelques articles plus scientifiques dans un des
journaux répandus de la ville, et j'entretenais une
correspondance active avec le centre saint-simonien de Paris.

Je n'ai fait que quatre discours, et pourtant,
je ne sais pourquoi, le bruit s'en répandit au
dehors : des personnes qui habitent une ville
voisine me prièrent de les leur envoyer écrits; sur
quoi un vieillard de plus de soixante et dix ans
m'annonçait qu'il était émerveillé de la beauté de
la religion saint-simonienne, et que s'il n'avait été
chrétien jusqu'alors, il se serait empressé de se
confesser néophyte.

Ces témoignages, quelque flatteurs qu'ils fussent,
étaient étouffés par la clameur discordante et la
réprobation presque universelle qu'excitait le système saint-simonien. On tâchait de m'effrayer;
on disait même que nos assemblées allaient être
interdites comme se composant de plus de vingt
personnes. Cela ne put m'arrêter. J'y voyais simplement une occasion de révéler au grand jour
ce qu'était cette doctrine, à laquelle on attribuait
les choses les plus dégoûtantes et les plus absurdes.
Sur ces entrefaites, un événement, mesquin en

apparence, vint mettre un terme à mes prédications. Un des locataires qui demeuraient dans la même maison, au dessus de notre salle, me poursuivit en justice, comme occasionnant du trouble, etc. Je voulais donner suite à cette affaire; mais, à la demande de quelques amis, il fut convenu que le lieu de réunion serait transporté ailleurs.

Je cherchais avec ardeur une autre salle; j'en trouvai bien, mais lorsqu'il s'agissait de dire à quoi je la destinais, chacun se refusait à me la céder. C'est ainsi que je fus repoussé des principaux lieux de réunion de la ville. Je fis quelques séances particulières chez des amis, où l'on s'assemblait en petit nombre; mais cela me satisfaisant peu, je cherchais toujours un local.

Quel était donc le motif qui m'avait fait déclarer Saint-Simonien et agir comme tel? Etait-ce l'ambition ou l'intérêt? En vérité non. Je ne recueillais autre chose qu'un long concert d'injures et de calomnies, et mon intérêt privé se trouvait peu favorisé. Qu'on songe, en effet, que je prêchais l'abolition du droit d'hérédité, et que, dans ma position, j'avais des espérances très légitimes. Au reste, sur ce point ma foi était tellement sin-

cère que je protestai à plusieurs personnes que si
j'étais possesseur de quelques biens, je les remettrais
incontinent entre les mains des chefs de la doctrine;
et cet acte de foi n'eût pas été nouveau, il a été réellement accompli par plusieurs Saint-Simoniens. Ceci
doit moins surprendre ceux qui, un seul moment
dans leur vie, ont senti ce qu'est la puissance de la
foi. D'ailleurs, mon avenir n'y était-il pas engagé? Je
n'avais d'autre vœu, d'autre espérance que la réalisation de ces idées; et cela m'eût bien peu coûté!
Il est si doux, quand on a une foi vive, de pratiquer
sa foi aux yeux de tous! il est si doux de contribuer
à la réalisation et à l'agrandissement de cette foi!
Toutes mes actions venaient de la plénitude du
cœur. Mes idées étaient précises et clairement fixées;
je les aimais, j'y conformais naturellement ma conduite. Enfin, quelle que soit aujourd'hui mon opinion sur le saint-simonisme, je ne puis m'empêcher
de songer à cette époque sans quelque regret. Quelle
joie! quelle satisfaction! Oui, j'étais heureux. Si le
bonheur n'est pas dans la foi, il n'est nulle part. Il
y avait harmonie dans ma personne, aucune de mes
facultés n'était en souffrance; devant moi s'offrait
un avenir que je rêvais glorieux, et tout mon être,
esprit et corps, n'a jamais mieux fonctionné. Je

n'avais plus de ces inquiétudes sans motif, de cette haine contre les hommes, de ces instincts pour la solitude, de ces doutes plus ou moins vagues qui semblaient errer autour de moi; mon corps ne souffrait plus, et bien qu'à cette époque de l'année, j'eusse, de coutume, quelque légère maladie, j'étais frais et dispos, ma physionomie paraissait ouverte et riante. Moi qui naguères fuyais les hommes, j'étais affable, prévenant; moi qui aimais le silence, je recherchais la conversation, je parlais long-temps et volontiers; et tout cela, sans effort, sans peine, naturellement : j'obéissais à un mouvement irrésistible et qui partait du cœur.

Bien qu'aujourd'hui je déplore cet enseignement de doctrines mauvaises, et que je me condamne rigoureusement, je ne puis, sans quelque regret, penser à cette illusion brillante qui m'ouvrait les portes d'un nouvel Eden, et dont la vue quoique lointaine transportait mes sens. C'était une illusion, sans doute, mais une illusion chérie que je déco-rais du nom de vérité. Hélas! l'âge des illusions n'est-il pas celui que l'homme regrette? Sans les illusions, que serait la vie? et dans ce monde si faux, illusion et bonheur ne sont-ils pas presque synonymes? Que de passions que l'on présumait éternelles, et qui tombent feuille à feuille dans l'espace d'un matin! Que de choses que l'on croyait bâties sur le roc, et qui s'écroulent au premier vent! Quelle succession dans nos idées et nos désirs!

La jeunesse est l'époque des sentimens généreux, des dévouemens héroïques. Dans cette fièvre du cœur, dans cet amour du danger, dans cet oubli des choses communes, il y a réellement plus de grandeur, plus de beauté que dans les calculs du reste de la vie, dans cette froideur méthodique qui enchaîne nos pensées et nos actions. Tout homme qui agit uniformément, le jour comme la veille, la veille comme le lendemain, a déjà vécu. La vie peut-elle donc se compter aux années? Que fait la succession du temps sur un être calme et monotone? Ah! dans un cœur brûlant, dans une ame ardente les jours sont des années, et dans tel cerveau il y a eu peut-être plus d'idées en dix jours qu'en tel autre en dix ans!

En terminant ce chapitre, je ne dois point passer sous silence deux imputations graves que l'on adressait alors fréquemment aux Saint-Simoniens, savoir: la communauté des biens et, faut-il le dire, la communauté des femmes. C'est même un peu pour répondre à ces reproches que j'ai inséré dans le chapitre précédent un des discours les plus complets que j'aie prononcés. Je puis affirmer qu'à l'époque où j'enseignais, la majeure partie des Saint-Simoniens était ouvertement déclarée, et moi le premier, en faveur de la morale chrétienne. Je n'ai jamais dit un seul mot qui pût donner lieu à un tel soupçon. Par émancipation des femmes, nous entendions alors leur égalité avec les hommes : égalité de nature, égalité civile, égalité politique, égalité religieuse. Je sais bien que deux ans après, M. Enfantin, chef des Saint-Simoniens, a émis quelques idées différentes sur le même sujet; mais alors je n'étais plus Saint-Simonien : je me prononçai hautement, et j'en atteste la mémoire de mes amis, contre semblable innovation, quoique, au fond, le reproche de communauté lui soit impropre.

La seconde imputation est celle de la communauté des biens. A dire vrai, on prétendait changer les rapports qui existent entre les hommes relativement à la propriété; mais on n'a jamais entendu faire l'apologie du vol, ni dire que les richesses soient la propriété de tous. Voici en quel sens on l'entendait : abolir le droit d'hérédité dans les familles pour le transporter à l'état, rendre l'état distributeur de toutes choses à chacun selon ses mérites; et par cela seul qu'on reconnaissait l'inégalité profonde qui existe entre les hommes, c'est-à-dire leur capacité différente, on voulait les rétribuer inégalement. Ceci a, comme on voit, peu de rapport avec une communauté véritable, où tous, ignorans ou savans, actifs ou paresseux, forts ou faibles, ont des droits absolument égaux.

CHAPITRE VII.

—

Désenchantement.

EPENDANT je cherchais un autre local, et, bien que rebuté, je venais d'en trouver un nouveau ; mais, au moment d'en prendre possession, le propriétaire, prévenu par je ne sais qui, refusa de me le céder. Néanmoins j'étais soutenu dans ma foi et dans mon prosélytisme par l'ascendant moral qui m'arrivait de Paris. Ils allaient toujours en grandissant; c'étaient monts et merveilles. *Le Globe* avait jeté son vieil habit, il s'intitulait saint-simonien en tête de ses colonnes, et, rédigé par des plumes habiles, il était lu avec avidité. *L'Organisateur*, journal spécialement destiné aux néophytes, était plus religieux. Des prédications nombreuses attiraient une foule immense. M. Barrault, que j'avais vu débuter incertain, faible, s'interrompant, possédait aujourd'hui une parole puissante, variée, large, féconde, et qui surtout allait au cœur. Mon ami Edouard, lui si bizarre, si original, la tête pleine de visions fantastiques, apportait aussi son tribut de prédicateur, et c'était chose curieuse à voir combien son naturel avait été modifié par ses croyances. Quant à moi, faible et presque seul, fatigué de persécutions journalières, d'obstacles au dehors, de tracasseries au sein de ma famille, de ces petites choses qui reviennent sans cesse; assourdi par les clameurs de la rue, indigné de ces injures grossières, de cette juridiction que des hommes bas et que je ne pouvais m'empêcher de mépriser, s'arrogeaient sur moi, je me sentais chanceler. Je comparais ma foi pure et désintéressée, mes actions si loyales.

faites à la face du ciel, avec ces menées obscures,
ces ironies cachées, ces coups donnés par derrière;
et involontairement, voyant ou croyant voir les
hommes si laids, je me prenais d'une désaffection
étrange, je me disais qu'ils n'étaient pas dignes
du bonheur que je leur apportais; et le découragement me saisissant au cœur, j'étais sans force,
sans énergie contre de tels obstacles.

Mes tracasseries de famille étaient celles qui
me faisaient le plus de mal. Il est si pénible de
pouvoir se plaindre des personnes que l'on doit
aimer. Je sens bien aujourd'hui que je n'étais pas
contrarié sans raison, qu'à la place de mes parens,
j'eusse peut-être agi de même; mais cela ne fait
pas que j'en aie moins souffert. Ma correspondance
fut interrompue, mes lettres enlevées; des paquets
de livres et de brochures disparurent sans que
j'en aie retrouvé la trace; ceux qui venaient me
voir, étaient renvoyés sous prétexte que je n'y
étais pas ou que j'étais parti de Marseille. Toute
conversation paternelle se tournait en reproches,
et je n'avais devant les yeux que des figures
tristes ou fâchées. Je m'étais bien attendu, en prenant les fonctions de l'apostolat, à rencontrer
ce qu'on nomme la persécution; mais combien la

chose, la réalité est différente du nom! Je répétais, au commencement, ces paroles de l'Evangile : « Bienheureux ceux qui souffrent persécution pour « la justice (*). » Mais quand la persécution, avec ses mille têtes, se dressa comme une hydre pour me déchirer, je sentis toute la force, toute la valeur du mot persécution. On sait peu, et heureux quand on ne le sait pas, ce qu'est la haine d'une ville presque entière, et combien l'injure, l'ironie et surtout la calomnie ont de prise sur un homme généreux. Dédaigneusement je secouai la poussière de mes pieds et allai me retirer à la campagne.

Cependant je lisais avec assiduité les brochures et les journaux saint-simoniens. Je me réjouissais des succès inouïs et des conquêtes faites par notre parole; tout ce qui se passait à Paris retentissait en moi; je souffrais de leurs douleurs (et ils en avaient,) comme je jouissais de leurs joies. Je caressais avec charme l'idée d'aller les rejoindre, et si ce n'avait été le manque d'argent, j'eusse volé dans leurs bras. Mon ami Edouard me consolait dans ses lettres, qui respiraient la plus tendre compassion, la plus douce intimité. Je re-

____

(*) S. Mat. chap. 5.

cevais des lettres bienfaisantes de plusieurs autres
Saint-Simoniens qui m'étaient inconnus, mais
qui, en qualité de frères, venaient me tendre une
main amie (*). Un autre motif qui m'empêcha de
retourner à Paris, ce fut une espèce d'état maladif
qui succéda à mes manifestations saint-simoniennes. J'étais excessivement troublé; ma pensée ne
se reposait qu'avec douleur sur les choses qui m'en-
touraient; j'avais des désirs inquiets et violens; la
nuit une insomnie cruelle me dévorait, je ne pouvais rester en repos, j'avais besoin d'agir, de marcher, de m'agiter. Tout cela me faisait craindre que
si je retournais à Paris, je ne fusse incapable de
faire quoi que ce fût, et je ne devinsse à charge à
mes coreligionnaires.

En 1831 eut lieu la scission mémorable des
deux chefs saint-simoniens, MM. Enfantin et
Bazard. Précisément, la morale en fut la cause.
M. Bazard et avec lui une foule d'autres voulaient
le maintien de la morale chrétienne, et ne pouvant l'obtenir de la part de M. Enfantin, ils pro-
testèrent hautement et firent scission. Mon ami

* Voy. aux *Pièces détachées*, quelques-unes de ces lettres saint-
simoniennes.

Edouard, et je m'y attendais, fut du nombre des dissidens. Pendant quelque temps, à Marseille, nous ne sûmes à quoi nous en tenir. Pour moi, je protestai en faveur de l'ancienne morale, sauf néanmoins de plus amples renseignemens. Voici pourquoi je faisais cette réserve : je savais ce qu'est la puissance de l'union, combien elle ajoute de force à une association quelconque; je me rappelais la faiblesse des sectes chrétiennes, et j'étais convaincu que le principe d'autorité est la base nécessaire d'un édifice religieux. J'espérais, d'ailleurs, un rapprochement amical : il n'en fut pas ainsi.

Cet événement m'ôta toute idée de retourner à Paris. Dans quel camp serais-je allé? Je ne pouvais accepter une bannière sans être infidèle à quelques-uns de mes amis ou à quelques-unes de mes croyances.

Mon prosélytisme se refroidit donc. Je me bornai à faire circuler des brochures et des journaux, et à parler, en fait de doctrines, de celles qui n'étaient pas en contestation. C'est ainsi que j'entretenais une douzaine de personnes que la foi nouvelle avait trouvées plus accessibles.

Cependant, sans m'en rendre compte, je cherchai dès lors à me distraire des idées qui me possédaient. C'est une chose qui n'est pas connue de tous qu'une idée fixe. En tout et partout on ne voit que ça ; on la revoit dans les villes comme à la campagne, écrite au ciel comme sur la terre, et même sur les vagues de la mer. Ce mot de *mer* me rappelle une chose que je dois confier au lecteur : comme l'on sait, le saint-simonisme disait, au sujet de Dieu, ainsi que saint Paul : « Tout est de lui, tout est par lui, et tout est en lui (*). » Mais, de plus, il ajoutait : Tout est lui.

Mens agitat molem et magno se corpore miscet.

VIRG. Æn.

Cette pensée est plus difficile à s'assimiler qu'on ne le croit d'abord. Dans la solitude, sur une hauteur, en présence des bois, des prés, des coteaux, avec un beau ciel sur la tête et un soleil éclatant, on peut bien se dire : Tout cela est une manifestation de Dieu, tout cela est Dieu.

Je me le répétais encore, le soir, quand le ciel était d'un bleu vif et clair, parsemé d'étoiles innom-

---

(*) S. Paul. Ep. aux R. c. xie.

brables et décoré de constellations. Mais, je l'avoue,
lorsque je me trouvais sur les bords de la mer, assis
à contempler les vagues, leur mouvement monotone, à entendre les bruits étranges qui s'en
échappent, entouré de cette atmosphère saline qui
chatouille l'odorat, je sentais bien tout ce qu'il y
avait de beau, de puissant, de presque infini dans
ces masses d'eaux que l'imagination de l'homme
se refuse à calculer; mais je ne pouvais dire, je
ne pouvais forcer ma langue à prononcer ces paroles : Voilà Dieu, cela est Dieu. Qu'on en pense
ce qu'on voudra, la mer était pour moi un motif
de doute, une pierre d'achoppement.

Les développemens ultérieurs des doctrines
saint-simoniennes ont assez montré que du principe panthéistique ne pouvaient découler que des
conséquences presque toutes matérielles; ce qu'il
y a de certain, c'est que le même effet fut produit
en moi. Long-temps spiritualiste, j'avais eu quelque dégoût pour certaines sciences; je m'y étais
appliqué à Paris quand je suivais les cours de la
Sorbonne, mais seulement dans un but encyclopédique et pour savoir un peu de tout. Alors,
dans la solitude, mon goût pour les sciences se
réveilla; mais il me porta, chose remarquable,

précisément vers celles que je n'avais jamais pu aimer. Je lisais des ouvrages de chimie et de physique, des traités d'astronomie, d'arithmétique, d'économie politique. J'avais toujours blâmé ceux qui apprenaient les langues vivantes, disant que c'était une science de mots et qu'on n'apprenait que des mots; j'en appris deux en même temps.

CHAPITRE VIII.

Je suis Journaliste.

Politique Saint-Simonienne.

Plusieurs personnes de Marseille étaient
revenues de Paris vers la fin de l'an
1831; elles avaient eu connaissance du système
saint-simonien, avaient assisté aux prédications
et conversé avec quelques-uns des chefs de la

doctrine. Cette semence féconde germa dans leurs têtes méridionales, et de retour à Marseille, elles tentèrent de propager celles de ces idées qu'elles s'étaient le plus aisément assimilées, et qu'elles croyaient le plus utiles à la société.

Ce n'était guères que quelques lambeaux d'idées; car, à l'exception de deux, toutes faisaient bon marché de la prétendue morale; d'autres n'admettaient que la politique, sans ajouter foi à la partie dogmatique religieuse. Ce fut alors que, grace à l'influence d'un homme de lettres, savant distingué, les colonnes d'un journal répandu nous furent ouvertes. On se forme en comité de rédaction : quelques jeunes gens, quoique entièrement étrangers, y sont appelés; on détermine le devoir de chacun des membres, et l'on fixe les matières principales à traiter. Notre programme pouvait se résumer en deux mots : travail au dedans, paix au dehors. Pendant quelque temps ce fut merveille : chacun apportait son œuvre, et, lue en présence de tous, on l'amendait s'il y avait lieu, on la rectifiait. Grace à cet ensemble, un esprit uniforme présidait à la rédaction du journal; et, bien que l'un des collaborateurs ait cru devoir se retirer peu de temps après, il n'en est

pas moins vrai que la majorité du comité partageait les idées saint-simoniennes, sur la politique
bien entendu. Chaque membre traitait les matières
qui étaient le plus de son goût, ou vers lesquelles
sa spécialité l'appelait. Une des questions à l'ordre
du jour et qui irritait alors vivement les esprits,
était celle de la guerre. Ce ne fut pas sans contestation que nous parvînmes à ranger *le Sémaphore*
parmi les champions de la paix. L'un de nous se
chargea de prouver que la guerre était impossible,
et qu'il n'y avait rien de plus contraire aux intérêts
de la France et au bonheur des peuples.

En un mot, c'était un reflet, quoique pâle, des
articles pleins de talent que M. Michel Chevalier
répandait dans *le Globe* avec une facilité toujours
renaissante. Comme l'on sait, la politique saint-
simonienne avait pour but le bien-être moral, intellectuel et physique du plus grand nombre. Pour
l'obtenir, il fallait d'abord la paix générale au dehors, et au dedans une circulation plus rapide des
richesses sociales; former des banques d'emprunt,
des banques agricoles; favoriser l'établissement
des manufactures, abaisser les lignes de douanes,
couvrir la France de chemins de fer et de canaux;
appliquer l'armée aux travaux publics; relever

l'honneur de l'industrie; créer des écoles, donner une large instruction au peuple; tourner les efforts des savans vers l'industrie, les lier, les unir, leur présenter un but commun; faire un appel aux artistes, attirer leurs regards vers un avenir de gloire et de bonheur réservé au monde entier. Tel était, en peu de mots, le sujet ordinaire de la politique du *Globe*.

Nous ne pouvions que graviter autour de cet astre brillant. Nous parlions de la paix, des réformes à faire dans la législation, du budget, de l'amortissement, des travaux publics, etc. Pendant quelque temps notre comité tint bon, mais peu à peu les élémens hétérogènes qui étaient dans son sein se firent jour. L'un avait le mordant du vieux libéralisme, l'autre ne rêvait que sainte-alliance et voulait la mort de tous les rois; celui-ci était prononcé en faveur du christianisme, un autre était fataliste, celui-là se laissait aller à une fougue saint-simonienne qui ne connaissait ni frein ni bornes. Le zèle commun se ralentit : l'un se retira sous prétexte de maladie, l'autre sous prétexte d'affaires, un troisième était très occupé; nous restâmes deux à militer sur la brèche, fidèles à la politique saint-simonienne. J'y étais presque intéressé personnellement, et voici pourquoi : je ne sais comment, on m'avait jugé propre aux articles d'économie politique, et chargé de discuter le budget. Je fis là-dessus bon nombre d'articles, lesquels excitèrent de hauts cris en plus d'un lieu. Je proposais d'abolir les impôts indirects, tous sans exception, de supprimer l'amortissement; et, toute compensation faite, par des calculs mis en entier dans le journal, je demandais sur le budget une économie de près de deux cents millions. Deux cents millions!... l'alarme fut grande parmi tous les fonctionnaires grands et petits; chaque prenant part jeta les hauts cris; je fus réfuté, moqué, stygmatisé, tant bien que mal, par un journal naissant *le Garde National*. J'avoue que l'économie était un peu forte. Pourtant j'avais pour moi deux grandes colonnes de chiffres et l'assentiment de bien des gens, que toute la phraséologie ministérielle ne pouvait consoler de la perte de leurs écus. Je ne dirai rien de plus, afin de ne pas faire de personnalités.

Bientôt je me lassai de combattre presque seul; et les idées libérales reprenant leur empire sur certains des rédacteurs habituels du *Sémaphore*, je les laissai fournir une carrière où mes convictions m'empêchaient de les suivre.

Vers cette époque, une nouvelle scission eut lieu parmi les Saint-Simoniens : ce fut encore au sujet de la morale. M. Enfantin, inflexible logicien, tirait du principe panthéistique des conséquences effrayantes. M. Olinde Rodrigues ne voulant pas en accepter la responsabilité, la discorde agita de nouveau ses brandons. *Le Globe*, sous la direction de M. Chevalier, resta fidèle à M. Enfantin, et reproduisit dans leur sombre clarté les théories de cet homme qui s'intitulait *la loi vivante*.

Bien des gens qui avaient jusque là protégé les Saint-Simoniens, ou du moins qui acceptaient une partie de leurs doctrines, se séparèrent d'eux. Le gouvernement résolut d'interdire leurs enseigne-mens publics et leurs prédications. Les journaux publièrent que la force armée avait envahi la salle de la rue Taitbout et celle de la rue Monsigny, et qu'un procès criminel était intenté contre les chefs saint-simoniens. Dans ce moment, leurs doctrines n'étaient guères les miennes : je n'adoptais pas la prétendue morale, j'avais peu de foi au dogme, je me permettais de changer leurs idées en politique. Toutefois je ne pus apprendre l'événement qui venait de les affliger, sans en être tout triste : depuis que le malheur les frappait, je me sentais ramené à eux ; dans cette fermeture brutale de leurs salles et dans ce procès criminel, je voyais une violation patente des libertés publiques, une violation de la liberté religieuse.

Ce fut sous l'impression de ces idées et animé d'indignation, que j'écrivis les lignes suivantes, que *le Sémaphore* reproduisit le lendemain :

LE POUVOIR ET SES ACTES (*).

« Quand on compare les actes et les doctrines du pouvoir, on est étonné de la contradiction qui s'y laisse apercevoir. D'une part il se proclame pacifique et modéré, de l'autre il agit brusquement et avec irritation.

« Des écrivains distingués l'ont dit : au point où est arrivée la société française, tout pouvoir qui voudrait s'établir ou se maintenir par la violence, n'a aucune chance de succès ou de durée. Nous ne sommes plus au temps où des guillotines roulantes allaient porter en tout lieu la liberté ; le temps est passé des sabreurs légitimistes. Quiconque, fût-il homme de tête, fût-il M. Périer, essaierait de pareils moyens d'ordre, y succomberait.

« Et voici que depuis onze mois, le pouvoir, s'avançant en

(*) Le grand malheur des articles politiques, c'est de n'être plus de saison quelque temps après. Les choses passent et se modifient, les préjugés se dissipent, les idées changent. Je le dis sans détour, il n'y a pas dans ce qu'on va lire une seule proposition que je voulusse aujourd'hui ou que je pusse soutenir sérieusement.

arrière, a remué et repris ces vieux erremens gouvernemen-
taux. D'une part il s'est rué contre les légitimistes, de l'autre
il a tenté d'écraser les républicains. Au milieu de toutes les
opinions qui prennent corps dans le monde, n'aimant que la
sienne, il s'est dit de l'accroître, de la fortifier. Pour cela, il
faut écraser tout le reste. Cette tâche, il a eu le cœur de
l'accepter.

« Mais voyons le résultat : toutes les poursuites, toutes les
condamnations contre les légitimistes ont-elles détruit une
seule feuille, converti un seul homme ?

« Les libéraux et les républicains ont-ils failli ? *La Tribune*,
qui a essuyé une trentaine de réquisitoires, est-elle moins
vive à l'attaque ?

« Non. Il faut le dire pour l'instruction du pouvoir et celle
de tous : une opinion opprimée pousse de plus fortes racines
dans le cœur des hommes; il y a je ne sais quoi dans l'infortune qui ébranle et attendrit. Y a-t-il eu des journaux condamnés, de suite des souscriptions se sont ouvertes, et les
amendes ont été payées des deniers de tous.

« Le pouvoir n'y gagne donc rien. Qu'un article dangereux peut-être soit inséré dans une feuille, il passera inaperçu; qu'un réquisitoire l'attaque, il subira le grand jour des
débats, et, reproduit en mille lieux, il sera lu universellement.

« Il est fâcheux, sans doute, d'être au sein d'une époque où
les opinions se croisent et se heurtent, où leurs criailleries
ôtent le sommeil, où rien n'est stable et ferme; mais que faire ?
telle est la condition de notre ordre social. Il s'opère aujour-
d'hui, sourdement peut-être, un grand travail de rénovation.
Dans la crise chacun apporte son cœur et sa tête; tout est
remué, fouillé; l'imagination a beau jeu. Mais c'est d'en bas
que doit venir la solution du problème; le pouvoir n'a rien à

faire dans ce conflit : son rôle est de maintenir une apparence d'ordre, d'empêcher que les individualités ne se heurtent, ne se choquent trop violemment ; son action est négative.

« Ainsi, le pouvoir se méprend d'une façon étrange en se donnant des airs de force. Le sceptre de Napoléon est trop lourd pour M. Périer ; ce ministre est un matamore quand il veut écraser à la fois les libéraux, les républicains, les légitimistes, les napoléoniens, les Saint-Simoniens.

« Laissez ces opinions se jouer entre elles : d'elles ou d'autres surgira celle qui régira la France ; mais à vous n'est pas la tâche de l'indiquer, de la désigner à tous.

« Ces réflexions nous sont suggérées par les mille et un actes d'arbitraire de M. Périer, et spécialement par sa récente sortie contre les Saint-Simoniens.

« Il n'est aucun bon libéral qui n'ait horreur des *dragonades*, nous n'en exceptons pas M. Périer. Or, voici que sept ou huit mille hommes armés ont cerné la salle des séances des Saint-Simoniens. Que faisaient-ils dans ce repaire ces hommes dangereux ? Sans doute, ils mangeaient la chair de quelque enfant, ils étaient coiffés du bonnet phrygien... Du tout : ils se disposaient à faire une simple prédication devant un auditoire de trois à quatre mille personnes, presque entièrement composé de dames.

« Aussi quelque naïf journal remarque que M. Desmortiers, procureur du roi, a été surpris.

« L'auditoire femelle a élevé une rumeur confuse, et la voix du prédicateur a apaisé d'un seul mot cet océan de bruit.

« Une chose qu'il nous est pénible de dire et que nous dirons cependant, c'est qu'en 1829 et 1830 des réunions saint-simoniennes avaient lieu publiquement à Paris, à la rue Monsigny, à la rue Taranne, à la rue Dauphine et au Prado ;

nous y avons assisté en personne. Or, à cette époque nous étions sous le ministère de MM. de Polignac et Peyronnet : ces messieurs les laissaient tranquilles.

« M. Périer a-t-il ainsi agi, lui homme libéral, lui qui se dit modéré? vraiment non.

« Il s'est laissé aller à son irritation naturelle, à ses empor-temens périodiques; et voici qu'il a assumé sur lui une responsabilité grande, selon nous.

« Car je le demande à chacun : N'y a-t-il pas quelque honte à un libéral de faire ce qui a répugné à nos féodaux, à nos superbes faiseurs d'ordonnances, à nos utopistes de pouvoir absolu? »

(Le Sémaphore du 30 janvier 1832.)

CHAPITRE IX.

—

Une Visite de Saint-Simonien.

E fut alors que j'eus une visite d'ami, de
frère. Ceux qui ne connaissent les doctrines saint-simoniennes que par des brochures ou
des livres ne peuvent se faire une idée de ce que
c'était réellement. Il y avait parmi les Saint-Simoniens une ferveur religieuse, un amour ardent

des hommes, un dévouement absolu, qu'on ne
saurait se figurer. Et puis, entre eux, entre Saint-
Simoniens, c'était une liaison intime qu'il fallait
voir pour y croire; c'étaient les doux noms de
père, de fils, de frère, de sœur, de mère ou de fille;
c'étaient des serremens de main, des embrassemens pacifiques faits en présence de tous. Il y avait
dans les yeux une joie, dans la physionomie un
bonheur, dans tout l'être un je ne sais quoi
d'électrique qui se communiquait. Je l'avoue, je
n'ai vu nulle part, de famille, de société si bien
unie. Cela emportait plus que tous les raisonnemens du monde; et, certes, je ne serais pas
devenu Saint-Simonien si je n'avais vécu de cette
vie, si je n'avais été frappé de ce contact.

Je m'en souviens, je me promenais puis tout
seul dans ce vaste Paris, et je marchais des
heures entières, et pas une figure qui parût
me connaître ou faire attention à moi; j'avais la
tristesse dans le cœur, et fatigué d'errer seul
parmi les hommes, j'allais le soir à quelque séance
saint-simonienne. Là je rencontrais aussitôt des
amis : on me prévenait, on me serrait la main,
on s'informait de ma santé, les figures étaient

resplendissantes; il y avait amour, il y avait foi. J'en étais tout pénétré, tout soulagé.

Mais revenons à notre visite : un jour on me prévint qu'un Saint-Simonien, de passage à Marseille, me cherchait et désirait de me voir. J'eus bientôt le plaisir de le rencontrer. Je l'embrassai avec autant de joie qu'un amant peut embrasser sa bien-aimée : jamais pourtant je ne l'avais vu. Il y avait entre nous autant d'intimité, d'affection, qu'entre les deux êtres les plus unis : bras dessus, bras dessous, ce fut un épanchement d'idées, un débordement de sympathies incroyable. Mon ami portait l'épaulette; c'était un plaisant Saint-Simonien : il avait un grand sabre qui traînait par terre et de longues moustaches. « Vous vous étonnez, dit-il, de me voir ce costume. — C'est en effet un étrange costume pour un partisan de la paix universelle.—Je suis capitaine d'artillerie, et je vais rejoindre mon régiment à Toulon. » Je lui fis voir tout ce qui peut exister de curieux dans notre pauvre Marseille ; et, après un diner fraternel pris en compagnie d'un autre capitaine, nous nous séparâmes le plus amicalement du monde.

Quelques personnes qui de leur vie n'ont rien éprouvé de semblable paraîtront surprises d'une amitié si prompte et de cette liaison instantanée ; cependant j'avoue que rien ne me paraît plus naturel. En quoi consiste l'amitié, sur quoi se fonde-t-elle ? N'est-ce pas un échange mutuel de bienveillance, qui a pour base des opinions conformes et des sentimens homogènes ? Or, en voyant un Saint-Simonien, j'étais sûr que mes idées étaient les siennes, que ses sentimens étaient les miens, qu'il brûlait du même amour que moi, que nous avions ensemble les mêmes hommes pour amis et pour ennemis : que faut-il de plus pour s'aimer ?

Peu de temps après je revis ce même capitaine, mais combien il était changé ! Il n'avait plus son uniforme ni ses moustaches. Je lui en demandais la raison, lorsqu'il me dit : « J'ai fait à la religion saint-simonienne le sacrifice de mon état : j'ai donné ma démission, afin de me livrer complétement à la propagation de notre foi. » Cet homme, je puis le nommer, car le fait que je rapporte est de notoriété publique : c'est M. Hoart. Il me dit qu'il n'avait quitté le service que depuis qu'on était sûr qu'il n'y aurait pas de guerre, et que l'honneur seul lui avait défendu de donner sa démission auparavant. De guerrier devenu prêtre, il était allé à Toulouse, avait eu de brillans succès et formé un centre saint-simonien; de là, voyageant dans le midi, il se trouvait en tournée comme missionnaire.

Je me rappellerai long-temps une conversation que j'eus avec lui. Il s'agissait de l'état de l'homme après la mort. Lorsque je quittai Paris, les Saint-Simoniens n'avaient pas de doctrine bien arrêtée à ce sujet; c'était quelque chose de vague et d'élastique qui prêtait à l'interprétation. M. Hoart me développa les idées telles qu'on les enseignait alors : « L'homme a une ame, disait-il, mais ce « n'est pas l'ame des chrétiens : quand il meurt, « cette ame se réunit à la vie universelle; il vit « alors en Dieu et dans les hommes. Son corps se « désorganise, mais il ne meurt pas; ses élémens « rentrent dans le grand tout. »

Je ne pouvais adopter cette proposition; elle répugnait à ma manière de sentir. Ayant toujours donné à l'ame un caractère de personnalité, je voyais là une absorption du *moi* qui me contrariait singulièrement. « Et cet autre monde des chré- « tiens, ce monde de l'esprit, qu'en faites-vous? » lui disais-je. « Que faites-vous de ce monde où tout « est grand et beau, où ce que nous appelons illu- « sion est réalité, où la vie est éternelle, l'amour

« infini? où la divine ambroisie de l'homme, c'est
« Dieu? où tout est harmonie, perfection, gloire,
« félicité? Ce monde que je rêvais dans ma jeu-
« nesse, auquel les hommes croient depuis dix-huit
« siècles, pourquoi venez-vous me dire avec cette
« imperturbable froideur qu'il n'a jamais existé,
« qu'il n'existe pas? »

Mon ami supportait mes boutades; et, bien que
je n'eusse pas moi-même une foi bien vive dans
ce monde de l'esprit, et que je m'en souvinsse
seulement comme d'un de ces rêves de la jeunesse
qui se sont envolés, mais que le cœur regrette
encore, je refusais obstinément d'admettre cette
nouvelle solution de la destinée de l'homme, et,
avec un involontaire sourire, je disais : « C'est
plus fort que moi, je ne puis admettre cela. »

C'était lui encore qui me disait, un soir que
nous nous promenions sur la montagne en face
de la ville, et que le soleil descendait majestueu-
sement dans les eaux : « Cette ville est grande et
« belle. Que de maisons! que de vaisseaux! Tout
« cela est à vous. Il ne s'agit que de le conquérir. »
Je lui répondais par un sourire amer et en branlant
la tête. C'est qu'en effet j'étais sorti de l'épreuve,
et l'illusion m'apparaissait dans toute sa nudité.

Respectable Hoart! c'est pourtant un des plus beaux dévouemens que je connaisse. Il a tout sacrifié pour les hommes, il a couru, il a agi; il n'est pas une seule ville importante en France qui n'ait entendu parler de lui. Il a reçu, avec un calme plus que stoïque, les injures, les calomnies et les pierres; mais, fidèle à son maître, il l'a suivi partout, même devant les tribunaux criminels, et ce n'a pas été sa faute s'il n'a point partagé sa captivité.

❆

CHAPITRE X.

—

Ce qu'étaient les Saint-Simoniens.

On a dit beaucoup de mal des Saint-Simoniens, et il n'est guères possible de bien juger d'une chose quand on est prévenu. Ce qu'il y a de certain, c'est que la plupart sortaient des premières écoles de France : école polytechnique, école de droit, école de médecine. C'étaient des

jeunes gens de vingt à trente ans, à cet âge où l'on
a le plus de feu et le plus de générosité. Ils ont
donné, je parle de quelques-uns, des preuves de
talent, soit dans les brochures et les journaux
qu'ils ont rédigés, soit dans les enseignemens
publics et les prédications. Il y a eu chez eux des
dévouemens remarquables : les uns ont fait le
sacrifice de leur fortune, les autres ont renoncé à
des positions brillantes et déjà acquises. Presque tous avaient reçu une bonne éducation, et,
en fait de science générale, ils n'ignoraient rien
de ce qui se passe dans le monde savant. Ils for-
maient à eux seuls, par leur diversité et leur union,
une espèce d'encyclopédie vivante. Les uns étaient
artistes, les autres savans, ceux-là industriels.
Poètes, médecins, ingénieurs publics, légistes,
tous concouraient à la même œuvre. Ce qui a contribué à faire paraître certains d'entre eux plus
grands qu'ils ne le sont peut-être, c'est cette réunion, cette association et l'appui qu'ils se prê-
taient mutuellement. La fusion de ces lumières
devait nécessairement former un grand foyer.

De plus, on ne saurait croire, à moins de l'avoir
senti, quelle force un système d'idées franchement
adopté donne à l'intelligence humaine. Quand on

a une base et qu'on ne doute plus, on est réellement fort. Rien de plus faible qu'un homme sceptique; c'est un malade qui se traîne sur ses jambes.
La foi, c'est la certitude, c'est le feu sacré, c'est
la vie. Je dirai même qu'il n'y a pas de génie sans
foi. Qu'on me cite un seul homme de génie qui
n'ait été animé à son œuvre, soit conservatrice, soit
destructrice, par une idée quelconque, par une
idée-mère fixe et constante qui était sa vie. Lors
donc que le cœur humain est échauffé par la foi, il
enfante des prodiges. *Omnia sunt possibilia amanti*:
tout est possible à celui qui aime.

Et puisqu'il est certain que dans les choses
humaines, bien que les desseins de la Providence
nous soient inconnus, rien n'arrive qu'avec sa
permission, qui sait si quelqu'une de ces natures
supérieures qui vivent d'une autre vie que nous
et agissent par d'autres lois, n'a point, par une
de ces actions qui passent inaperçues parce que
l'œil ne les voit pas, agi plus ou moins directement
et brutalement peut-être sur ces natures d'homme
transformées? Le dévouement est-il donc chose si
commune, et le talent court-il les rues? A voir ce
qu'ont fait de prodigieux certains hommes naguère
obscurs et faibles, cette manifestation si rapide et

que je comparerais presque à l'éruption d'un volcan, qui oserait dire que ces hommes fussent seuls
et que personne ne fût avec eux?

Il est des gens qui se refuseront peut-être à croire
que les Saint-Simoniens eussent une foi réelle.
Pour ma part, je puis assurer que j'avais une foi
vraie; je le dis aujourd'hui avec franchise, bien
que je ne sois plus Saint-Simonien. Tous ceux que
j'ai connus, et qui sont en assez grand nombre,
n'ont pas démenti leur caractère. Qu'avions-nous
donc à gagner, et qu'en avons-nous retiré? Chacun
de nous a eu son lot d'injures et de calomnies,
chacun de nous a été en butte à des persécutions
de tout genre : ceux-ci ont perdu tout ou partie de
leur fortune; ceux-là, des fonctions publiques honorables; quelques-uns ont été maltraités, même
lapidés, et d'autres se sont vus condamner en cour
d'assises et mettre en prison.

C'est une manie déplorable que de voir toujours
les choses à travers l'idée de l'intérêt. Il y a des
gens dans le monde qui ne marchent pas en vue
de l'intérêt. Et où en serions-nous donc autrement?
La société serait un ramassis de sauvages, un vrai
repaire de brigands. Pour moi, dans toute la sincérité de mon ame, de même que je le dirais si

j'étais au jour du jugement, j'affirme que j'avais une foi pleine et sincère, que j'aurais donné mon sang et ma vie pour elle, mille vies si je les avais eues; et si l'on songe un instant que je prêchais l'abolition de l'hérédité, quoique fils de famille non sans espérances, on ne pourra guères raisonnablement en douter.

CHAPITRE XI.

Étal du Saint-Simonisme

vers la fin de l'an 1831.

LORSQUE eut lieu la scission entre MM. Enfantin et Bazard, c'était précisément l'époque où le saint-simonisme était le plus florissant. En effet, à Paris, il y avait des enseignemens très multipliés, des prédications éclatantes, des prosélytes partout, dans les rangs élevés comme chez le peuple; c'était une organisation compacte, une hiérarchie aimée et obéie; c'étaient deux journaux périodiques : *l'Organisateur* et *le Globe*; *le Globe* qui avait un succès prodigieux; plusieurs journaux de Paris reproduisaient alors ses articles.

En province, des missions dans toutes les grandes villes et des noyaux d'associations, de beaux succès obtenus à Toulouse, une correspondance active et suivie, des voix lointaines parties même de nations étrangères qui venaient faire acte de foi; des Saint-Simoniens à Bruxelles, à Londres, en Allemagne et en Italie; des brochures de toute espèce et sur tout sujet répandues avec la plus grande profusion! Que de motifs d'espérance! quel sujet de joie pour un vrai Saint-Simonien! On conviendra du moins qu'il y avait là de quoi fasciner les yeux.

Voici quelques extraits de rapports faits à cette époque aux chefs de la doctrine. Ils donneront, mieux que je ne pourrais le faire, des détails exacts sur le développement prodigieux du saint-simonisme et sur la situation et les travaux de la famille (*).

*) *Rapports adressés aux Pères suprêmes sur la situation et les travaux de la Famille.* Paris, 1831.

Rapport sur la situation financière

PAR GUSTAVE D'EICHTAL.

.... « Vous vous souvîntes, mes pères, que depuis plusieurs années vous aviez employé vos efforts à faire pénétrer dans le cœur de plusieurs hommes la science et l'amour de la religion nouvelle. Sûrs du dévouement de vos fils, vous leur demandâtes de pratiquer ce que depuis long-temps déjà ils professaient : votre voix fut entendue ; les ressources ne manquèrent plus.

« Depuis lors le besoin de donner une extension toujours nouvelle à la propagation de notre foi nous a fréquemment et volontairement fait dépasser la limite des moyens financiers qui avaient suffi à nos efforts précédens : car nous étions pleins d'une religieuse confiance dans l'avenir, et nous nous sentions fortifiés par le succès même qui a toujours récompensé notre confiance.......

« Voyons, sous une forme claire et simple, quels ont été la nature, l'étendue et l'emploi de ces ressources, fruit d'un religieux dévouement.

« La balance de nos comptes au 31 juillet dernier présente les résultats suivans :

Recettes.

COMPTE D'APPORTS..........................	218,379 F.
COMPTE D'EMPRUNTS........................	20,528
EFFETS A PAYER...........................	3,698
DIVERS COMPTES COURANS....................	7,781
APPORTS DE MOBILIER.......................	»
	250,386 F.

Dépenses.

Dépenses extérieures.

Globe , depuis le 22 septembre 1830,

Organisateur et Publications diverses ,

Dépense nette.........	106,225 F.
Locations de salles...........	15,681
Missions de Belgique, du Midi, de Normandie, de l'Est.....	16,197
Total des dépenses extérieures.	138,103 F. 138,103 F.

Dépenses intérieures.

Frais de premier établissement de deux maisons communes...   10,500 F.

Frais d'entretien, depuis le 1er novembre 1830 jusqu'au 31 juillet 1831 , des fonctionnaires employés aux divers travaux de la prédication, de l'enseignement, de la conversion individuelle, de la direction des ouvriers , des travaux industriels et de l'administration.................   72,506

Total des dépenses intérieures.	83,006 F. 83,006
Caisse et Portefeuille	29,277
Somme semblable.............	250,386 F.

« Les sommes portées au compte *d'apports* ont été fournies,
dans la proportion suivante, par les différens degrés de la
hiérarchie :

MEMBRES DU COLLÉGE................	165,550 F.
MEMBRES DU SECOND DEGRÉ............	58,431
MEMBRES DU TROISIÈME DEGRÉ..........	14,398
	218,379 F.

« Nous ne voulons aux insinuations malveillantes trop souvent dirigées contre notre association, d'autre réponse que
ce tableau. On saura maintenant que parmi nous ceux qui ont
à espérer les plus grands avantages du succès de la doctrine,
qui prennent la part la plus immédiate à son gouvernement,
sont aussi ceux qui ont fait pour son triomphe les plus grands
sacrifices, si je puis me servir de ce mot, bien peu conforme
au sentiment dont nous sommes animés, mais que l'usage
du monde consacre ; et s'il est encore possible de nous taxer
d'imprudence et d'exagération dans notre dévouement, nul
du moins n'aura le droit de murmurer contre nous le mot
d'exploitation.

« Les sommes qui figurent au compte d'apports ne représentent que la portion déjà réalisée de nos propriétés. SIX
CENT MILLE FRANCS ENVIRON COMPOSENT LE SURPLUS DES
DONS FAITS JUSQU'A CE JOUR A LA DOCTRINE. La réalisation s'en
poursuit incessamment avec zèle et cependant sans précipita-
tion : car nous tenons à ne rien blesser, à ne rien froisser, et
nous nous efforçons de conserver, de resserrer même les liens
qui nous attachent à l'ancien monde, en même temps que nous
nous lions plus intimement au monde nouveau. »

Rapport de Stéphane Flachat

SUR LES TRAVAUX DE LA FAMILLE SAINT-SIMONIENNE.

« Enseignemens, prédications, missions, écrits, tout ce qui offrait un moyen de propagation et de publicité, les Saint-Simoniens l'ont employé; et le succès de ces travaux a dépassé, non sans doute les espérances que vous en aviez conçues, mes pères, mais celles de vos enfans.

« Aujourd'hui nos enseignemens, d'hebdomadaires qu'ils étaient, sont quotidiens; certains jours de la semaine en comptent plusieurs; le dimanche il en est fait quatre, dont un pour les ouvriers; premier lien, lien puissant établi entre la famille saint-simonienne et *la classe la plus nombreuse*.

« Notre principale salle est devenue trop étroite à la foule qui s'y presse pour y entendre les développemens de notre foi, revêtue de ses formes les plus animées, les plus religieuses, pour y applaudir nos prédications.

« Les missions envoyées par vous à toute la France et à l'étranger ont fondé, en France, six églises départementales, à Toulouse, Montpellier, Lyon, Metz, Dijon et Limoges; et des centres de propagation dans neuf autres villes importantes; et enfin en Belgique une église et six centres de propagation.

« Et voici des faits plus éclatans encore, qui ont attesté combien a fructifié la parole de notre maître.

« La chambre des députés vient enfin, dans une adresse solennelle, de déposer un premier vœu en faveur de la *classe la plus nombreuse*.

« Et tandis que la presse de Paris est absorbée dans de petits intérêts et dans des discussions creuses sur les trois pouvoirs, *la presse départementale* s'avance hardiment sur la route que nous avons ouverte. Dans plusieurs de ses journaux nos formules ont été textuellement reproduites et développées : immense progrès dont votre famille glorifie son maître et ses pères qui le continuent.

« Dans les chaires du collège de France il a été dit, et nous seuls pouvons sentir toute la portée de cette parole, que *le génie original et profond de Saint-Simon avait rendu l'initiative à l'école philosophique de France.*

« Enfin, mes pères, chargés d'enseigner que toute institution sociale doit avoir pour but l'amélioration morale, intellectuelle et physique de la classe la plus nombreuse et la plus pauvre, nous avons pratiqué la loi à la propagation de laquelle est vouée notre vie.

« Un enseignement a été ouvert aux ouvriers, et il a porté ses fruits. Plus nombreux tous les jours, tous les jours aussi les prolétaires nous comprennent mieux et nous aiment davantage. Déjà du degré des ouvriers ont jailli de ces larges capacités qui s'ignoraient elles-mêmes, et à qui nous avons révélé le secret de leurs forces ; et bientôt, dans le sein de notre famille, des mains d'hommes et de femmes qui furent *bourgeois* ont serré fraternellement, filialement des mains d'hommes et de femmes qui furent *prolétaires.* Ainsi par vous, mes pères, s'est fondée la famille universelle.

« De quelle sainte émotion toute votre famille n'a-t-elle pas été saisie, lorsque, dans un jour solennel, des pères et mères ouvriers ont apporté leurs petits enfans à la famille, et nous les ont donnés pour qu'ils entrent dans notre maison d'éducation. *Tous nos enfans* doivent être élevés *avec leurs enfans ;* tous doivent être ensuite classés dans la famille, chacun suivant sa capacité.

« Vous savez enfin quelle a été notre joie lorsque le rapport de notre père F... nous a fait connaître tout ce qui était déjà accompli par la famille pour l'amélioration de *la classe la plus nombreuse*, et surtout la prochaine fondation de ces maisons communes où nous donnerons aux ouvriers autant de morale, d'instruction et de bien-être à la fois, qu'il est possible de leur en donner aujourd'hui.

. . . .

« J'éprouve le besoin de dire et de révéler à tous ce que nous sommes :

« La presque totalité d'entre nous, privilégiés de la naissance, a dû à ce hasard une forte instruction ; pour plusieurs ce hasard y avait aussi joint de la fortune.

« Elèves de l'école polytechnique, de l'école de droit ou de médecine, savans, artistes, industriels, tous nous courions des carrières honorables. Ingénieurs du gouvernement, militaires, médecins, avocats, magistrats, professeurs, hommes de lettres, fabricans, vivant enfin de leurs travaux, beaucoup parmi nous avaient signalé par des succès les premiers pas de leur carrière et s'étaient fait une existence indépendante et sûre : ils l'ont quittée pour l'apostolat saint-simonien.

« D'autres joignaient de la fortune à ces professions honorables ; plusieurs étaient riches et encore incertains de l'usage à faire de leur indépendance.

« Tous ont apporté tout ce qu'ils avaient : *sympathies, capacités* et *fortune*. . . . . »

———

Un mois avant, le père Bazard prononçait les paroles suivantes en présence de tout le corps des Saint-Simoniens assemblé :

« Des femmes ont pris place dans les différens degrés de la

hiérarchie; dans tous les rangs où elles sont assises, elles sont les égales de l'homme; toutes maintenant ont des fonctions à exercer, des travaux à accomplir, et chaque jour autour d'elles viennent se presser d'autres femmes qui demandent avec ardeur à s'associer à leurs travaux.......... »

Au mois d'octobre, dans un article que *le Globe* adressait aux Saint-Simoniens, il est dit que *le Globe* était distribué gratuitement à 2,800 exemplaires;

Et qu'il y avait douze cents personnes inscrites au degré des ouvriers.

(*Globe* du 6 octobre 1831.)

Quelques jours après, eut lieu la présentation de deux cents enfans et leur adoption de la part de la famille saint-simonienne.

(*Globe* du 26 octobre 1831.)

Enfin, au mois de novembre de la même année, un rapport curieux fut publié sur l'état de la correspondance saint-simonienne.

En voici un extrait :

« Depuis quelque temps nos relations avec les départemens

et les pays qui entourent la France ont pris une très grande
extension. Ce développement a été tel, qu'il est devenu nécessaire de le régulariser. Un bureau de correspondance a été
organisé, et il se rattache particulièrement à la direction du
Globe.

. . . .

Le nombre des lettres que nous avons reçues directement
depuis deux mois s'est élevé à douze cents ; *dans le seul mois
d'octobre il a été* de HUIT CENTS.

« Elles sont généralement écrites par l'élite de la société,
par les hommes les plus recommandables dans toutes les
classes.

« Elles ne se bornent pas à l'expression d'une vague sympathie ; elles renferment pour la plupart un exposé sincère des
impressions que la lecture de notre journal fait éprouver à
chacun. C'est le plus souvent une adhésion plus ou moins
complète à nos doctrines, c'est toujours le désir ardent de les
connaître davantage, et le témoignage d'un profond respect
pour les efforts que nous faisons dans le but d'améliorer la
condition déplorable des classes inférieures.

« Une correspondance s'organise aussi dans quelques départemens, à l'instar de celle qui existe à Paris.

« Ainsi notre puissance se fonde, et elle se fonde au grand
jour : des hommes religieux qui se présentent avec des paroles
de paix et de conciliation n'ont pas besoin de conspirer.

« La valeur pratique de nos doctrines est bien appréciée.
De toutes parts on nous sollicite pour fonder des établissemens
industriels et agricoles. Des propositions nous sont faites de
divers points, et notamment du Berry et de la Bretagne, par
des propriétaires qui voudraient réaliser sur leurs terres une
exploitation saint-simonienne.

« Dans le Bas-Rhin on est prêt à fonder des ateliers sous notre patronage.

« Mais ce n'est pas seulement en France que nous avons des relations; nous en avons partout : en Angleterre, dans plusieurs états de l'Allemagne, en Suède, en Italie, à Bologne, à Florence, à Rome et à Naples, aux Etats-Unis d'Amérique et en Afrique, à Alger et à Tripoli; des officiers et des chirurgiens de marine propagent le saint-simonisme dans les stations du Levant, des Antilles et du Brésil. Le nom de Saint-Simon retentira bientôt sur toute la surface de la terre...... »

(Globe du 17 novembre 1831.)

Semblable à un météore qui illumine les airs, le saint-simonisme grandissait, brillait et menaçait de tout envahir, lorsqu'un jour ce grand corps creva sans qu'on sût pourquoi; et ce fut pitié de le voir s'en aller et s'éteindre, misérable, devenu l'objet de la risée et de la pitié de tous.

La scission entre M. Bazard et M. Enfantin fut le signal même de sa décadence (27 *novembre* 1831).

Ces divisions intestines étaient d'un sinistre présage; mais qui eût pu s'attendre à voir décliner et s'affaisser si vite ce colosse qui paraissait avoir la force d'un géant?

A considérer les choses sous le point de vue extérieur, ce sont les divisions intestines qui ont ruiné le saint-simonisme; mais si l'on pénètre dans leur intimité, on verra que ces divisions ont été nécessaires, inévitables.

Une partie des Saint-Simoniens, représentée par M. Bazard, reculait avec effroi devant certaines conséquences des principes.

L'autre partie, poussée par M. Enfantin, s'avançait hardiment et comme en aveugle, trouvant tout naturel, bon, saint, utile.

Ce brandon de discorde ce fut la morale : M. Enfantin, prétendant que tout était saint, voulait faire de la femme un instrument social et religieux: il voulait accorder la femme à l'homme pour récompense, et réciproquement, ainsi que de nos jours on donne la croix d'honneur à quelqu'un qui a bien mérité de son pays. Dès lors le mariage, à proprement parler et selon le sens actuel, n'existait plus; c'eût été une union réglée, il est vrai, par des lois, mais indéterminée, indéfinie et qui choque toutes nos idées de pudeur, de libre arbitre et de bon goût.

Quand l'homme est une fois sur la route de l'erreur, s'il est faible, il s'arrête effrayé et rebrousse chemin; mais s'il est fort, il va jusqu'au bout et accepte tout. La conséquence est intimement liée au principe, ou plutôt la conséquence est dans le principe.

M. Enfantin était certainement bon logicien, car la morale est fondée sur le dogme. Dans le christianisme la morale est spiritualiste : en effet, Dieu étant esprit, l'homme qui veut plaire à Dieu doit, autant qu'il est en lui, se rapprocher de sa nature. Mais il ne pouvait en être ainsi chez les Saint-Simoniens. Admettant le panthéisme (non pas dans le sens qu'on lui attribue communément), mais croyant que l'esprit et la matière sont les deux faces de Dieu, il s'ensuivait que ces deux choses étaient saintes, et que pour plaire à Dieu il fallait également cultiver les deux aspects de sa nature. On conçoit dès lors et naturellement que la morale devait être changée. Logiquement parlant, il était absurde, en changeant la base, de conserver les conséquences, c'est-à-dire la morale.

Ces réflexions sont de celles que j'avais de la peine à m'avouer; cependant je ne pouvais m'en dissimuler la justesse. Pressé entre ma raison inflexible et mon cœur soulevé de dégoût, j'aimais encore mieux renoncer à la logique. Mais cela fut un motif puissant pour me détacher du saint-simonisme. — « Voilà donc ses conséquences, me disais-je, conséquences qu'on ne peut avouer sans rougir ! Un principe qui mène là peut-il être bon ? Chaque arbre porte ses fruits. » — Et je me souvenais involontairement du spiritualisme de ma jeunesse, de mes rêveries platoniciennes et de ce passage de l'Evangile :

— « Gardez-vous des faux prophètes......

— « *Vous les connaîtrez par leurs fruits :* peut-on cueillir des raisins sur des épines, ou des figues sur des ronces (*) ? »

(*) S. Mat. chap. VII.

CHAPITRE XII

Le Choléra.

Depuis long-temps le choléra exerçait ses ravages en Europe et semblait prendre plaisir à parcourir les capitales, lorsqu'un jour il fondit à l'improviste sur Paris. Grande fut l'alarme, grande fut la terreur! Chacun essaya de s'isoler, quelques-uns s'enfuirent, d'autres furent pris par le fléau et terrassés. On appela à l'aide la science : les savans décomposèrent l'air, les médecins firent des systèmes, et le choléra n'en continuait pas moins ses effets. — « Est-il contagieux ? — ne l'est-il pas ? » telle était la question à l'ordre du jour. Et pourtant il y avait une autre question, une question plus haute, savoir : Quel est le moyen qui peut délivrer la société de cette plaie ?

Ce qu'il y avait d'étrange, de surprenant, c'était la manière dont il saisissait un homme, dont il le faisait cadavre en quelques minutes. On ne le voyait pas, on ne l'entendait pas, on ne pouvait le toucher. Ceux qui plaçaient la certitude dans leurs doigts étaient confondus et réduits à expérimenter sur des cadavres. Et cependant tout était visité par ce grand destructeur : les palais et la chaumière, la ville et les faubourgs, les hommes et les femmes, les vieillards, les enfans et les jeunes filles. Quel deuil ! quelle désolation ! Je plains sincèrement ceux qui, dans une telle crise, n'avaient rien pour conforter leur cœur, et cherchaient à s'étourdir. Quelle moisson d'hommes illustres ! Il n'est pas une des branches des connaissances humaines, pas une spécialité des fonctions publiques qui n'ait eu à déplorer la perte de quelqu'un de ses chefs. Enfin, il y avait un homme qui comme un roc semblait un obstacle invincible aux flots populaires; la mort le prit et l'enleva.

Oh! dans la tête de ces personnes pour qui les choses de la vie ne sont pas tout, qui vivent d'une vie intellectuelle, que de choses ont dû se passer! Que de convictions invétérées ce choléra n'a-t-il pas balayées! Combien de changemens imprévus et que l'œil a peine à croire, ne lui devons-nous pas!

Le vent de la désolation emportait les savans, et la science, ne sachant plus à quoi s'en tenir, doutait elle-même sur ses bases. Selon moi, rien n'a plus montré la faiblesse et l'incertitude de ce qu'on appelle science. Quelques hommes avaient accueilli avec joie le choléra; les fourneaux et les scalpels allaient leur en faire justice; et bientôt, altérés, ils ne savaient plus que croire; ils tâchaient de paraître stoïques, et pour la première fois peut-être ils doutaient d'eux-mêmes. Je l'avoue, je n'ai jamais eu grande foi en la médecine; je connaissais quelques-uns de ses systèmes, et cela suffisait pour me tenir en garde; mais depuis cette époque toute foi en elle m'a presque abandonné.

La question du choléra intéressait tout le monde, car de Paris il se répandait en province, et à chaque heure il pouvait apparaître parmi nous. Le gouvernement fit publier une circulaire qu'on pourrait appeler de précaution ; il s'agissait de quelques mesures de salubrité et d'hygiène : c'était bien mesquin. On conseillait de manger de la viande et de s'abstenir d'herbages, de ne pas boire d'eau-de-vie, etc. Plusieurs médecins réclamèrent hautement, prétendirent qu'il ne fallait rien changer au régime ordinaire de la vie, que le maigre était plus sain que le gras. Beaucoup faisaient usage du chlorure de chaux, et à Marseille des médecins soutinrent publiquement qu'il n'y avait rien de plus nuisible que le chlorure. Je n'ai parlé de ces choses qui sont notoires, que pour faire voir ce que c'est que la science, combien elle gagne peut-être à être tenue secrète, et comment elle se trouve désarmée en présence de ces grandes plaies qui affligent les nations entières. Ceux qui placent dans la science leur tout, le *summum*, sont des aveugles qui cherchent une montagne dans un pré. La science est bonne, sans doute, je le reconnais ; mais elle ne peut remplacer ce qui vaut mieux qu'elle, ce qui la supplée et ce qu'elle ne supplée pas : je veux dire, la pensée religieuse.

Quelle était la solution chrétienne ? La voici :

« L'homme, enveloppé de chair et coupable, doit satisfaire à Dieu pour ses fautes. Il satisfait soit dans cette vie, soit après. Dieu l'afflige, mais cette affliction n'est que momentanée. De plus, l'homme a dans ses mains un moyen puissant de se garantir de la colère céleste : je veux dire, la prière, ce levier immense qui remue les intelligences surnaturelles et qui va jusqu'à Dieu. »

On sera peut-être curieux de connaître la solution saint-simonienne. *Le Globe*, en présence d'une si grande calamité, ne resta pas muet. Il ne se contenta pas, ainsi que les autres feuilles publiques, d'enregistrer les noms des morts et des mourans, comme dans des colonnes mortuaires; il dit ce qu'il fallait faire :

« Le choléra n'est pas un fléau émané de Dieu. Il prend sa source dans la misère du peuple, ce peuple mal logé, mal vêtu, mal nourri; il se place aisément dans les cœurs rongés par le scepticisme et le dégoût. Livrez-vous à la joie et au travail, buvez et mangez; qu'au *Champ-de-Mars* ait lieu une grande assemblée; que tous les artistes, musiciens, danseurs, s'établissent sur de larges tréteaux; que les premiers corps de l'état se réunissent et sortent de leur torpeur, qu'ils viennent présider à ces fêtes nationales; qu'aussitôt le peuple commence le travail du chemin de fer de Paris au Havre, et que partout règnent la joie et l'abondance. »

Comme l'on voit, cette solution n'était rien moins que chrétienne; c'était précisément l'inverse. Aussi, je l'avoue, je ne pus adopter ni digérer ces idées; j'en étais presque scandalisé.

Je me souviens pareillement de l'effet étrange produit sur moi par un feuilleton du *Journal des Débats*. Je venais de lire le détail des obsèques de M. Casimir Périer; encore la tête pleine de ces images de deuil, de ces draperies noires, de ce cercueil qui avec tant d'autres sillonnait les rues de Paris, mes yeux tombèrent sur le feuilleton. Je le lus machinalement : c'était un récit des *Contes drôlatiques* de M. de Balzac et un éloge presque impudique de ces orgies. Le moment était bien choisi pour publier un tel livre, mieux choisi encore pour en faire l'éloge!

Cependant, s'il y avait du mal dans cet immense Paris, il y avait aussi du bien. Si le peuple avait montré presque de la stupidité en attribuant le choléra aux agens de police, il y eut des actes vraiment beaux : une générosité ardente, une profu-

sion d'aumônes, des dévouemens de tout genre. J'ai
médit de la médecine, mais je fais l'éloge des médecins : ils ne manquèrent pas aux lits de douleur.
Les hôpitaux devinrent le rendez-vous des hommes généreux, et les femmes y affluèrent aussi :
leur parole douce et pénétrante, leurs larmes pu-
rent calmer bien des douleurs que l'art ne pouvait
guérir.

La prévoyance est quelquefois un grand mal.
J'avais vu le choléra partir du fond de l'Asie et à
travers des routes inégales arriver à Paris; de là il se
répandait en province, et il était plus que probable
que bientôt cet hôte fâcheux viendrait s'asseoir à
nos foyers. Telle était la prévoyance humaine : il
n'en fut pas ainsi.

Néanmoins le choléra venait de fondre sur Arles,
et des bruits journaliers annonçaient sa présence
à Marseille. Ma première pensée fut de fuir; mais,
réfléchissant qu'il n'y avait guères de pays en Europe où le fléau ne régnât en maître, et que si je me
dirigeais vers le midi, il pourrait y arriver plus tôt
que moi, je me résignai à l'attendre et tâchai, ne
pouvant faire mieux, de m'envelopper d'un calme
stoïque.

❇

CHAPITRE XIII.

—

Doute.

U mois d'avril 1832 *le Globe* cessa de
paraître; ce fut peu de jours après qu'il
eut donné son étrange solution sur le choléra. La
disparition du *Globe* me laissa un grand vide. Bien
que je fusse à peu près sceptique et que je secouasse
la tête sur ses promesses d'avenir, cette incessante

venue d'un journal saint-simonien me retenait un
peu dans ses doctrines. Comme la goutte d'eau qui
tombe d'un rocher sur la terre en entretient l'hu-
midité, je me sentais humecté par cette parole
qui distillait sur moi chaque jour. Cependant, sous
un autre rapport, j'en fus presque satisfait; depuis
long-temps je ne lisais plus *le Globe* avec autant
de plaisir. Mes idées chrétiennes avaient reparu
sous le choc rude du choléra. Je ne pouvais m'empêcher de sentir que la solution chrétienne à ce
sujet valait cent fois mieux que l'autre. Mais comment retourner au christianisme? Ce n'était pas
une mince affaire.

A cette époque, j'eus l'idée de publier une brochure sur le choléra. Je la commençai; mais, lorsqu'il s'agit d'expliquer le pourquoi et le comment,
je fus grandement embarrassé. Je ne pouvais dire
que c'était une punition, sans être chrétien; je ne
pouvais dire que c'était une chose indifférente,
sans choquer le bons sens et la raison publique.
Engager les hommes à s'étourdir, je ne voulais point
assumer pareille responsabilité. Bref, après de longues réflexions, je crus trouver un *mezzo termine*.
« Le choléra, disais-je, a été envoyé pour nous
punir de ce que nous n'aimons pas Dieu et les

hommes, ou, en d'autres termes, de notre égoïsme et de notre indifférence religieuse. » C'était, comme on voit, ne pas trop s'engager. Mais cette solution ne me satisfaisant guères, je mis de côté la brochure, et depuis je n'y ai plus songé. Je ne rappelle ceci que pour indiquer l'état de mes opinions à cette époque.

Je n'étais donc ni Saint-Simonien, ni chrétien : j'étais sceptique. Ma conduite se ressentit de ces idées : pourquoi travailler, pourquoi s'astreindre à une gêne quotidienne, pour deux jours peut-être qu'il nous reste à vivre ? pourquoi feindre, pourquoi dissimuler ? pourquoi agir tout au rebours de ses désirs ? Et puis cette pensée fatale, ce mot de feu écrit partout, sur le pavé des rues, sur les murs, sur le front des hommes, dans la salle du festin, ce MANÉ, THECEL, PHARÈS, laissait-il quelque place à d'autres idées ? et pouvait-on, le pied dans la tombe, penser encore aux affaires communes, aux choses usuelles de la vie ?

Cependant je n'étais pas effrayé ; j'étais décidé à attendre le fléau de pied ferme et à ne pas quitter Marseille. Mais, délaissant les hommes et ne voulant plus songer à la société ni à son avenir, je me proposai de m'occuper de moi-même et de résoudre pour moi le problème de la destinée.

— Alors, plus d'une fois, j'ai fait la supposition suivante : Un moribond est sur son lit de mort; on appelle un prêtre saint-simonien; que lui dira-t-il? —« Mon ami, c'est la loi de la nature, il faut mourir; nous y sommes tous sujets. Mais vous ne mourrez pas précisément; votre vie se réunira à la vie universelle; vous vivrez toujours en Dieu et en nous. »

Je ne crois pas qu'il puisse parler autrement.

— De l'autre côté, s'approche un prêtre catholique qui lui dira : « Mon frère, vous souffrez; le Seigneur a souffert comme vous : voyez si vos souffrances égalent les siennes. Vous allez mourir; confessez vos iniquités, demandez-en pardon à Dieu. Bientôt vous paraîtrez devant lui, vous serez jugé selon vos œuvres, et j'espère que la miséricorde du Tout-Puissant sera grande pour vous. D'un côté est le séjour de douleurs, de l'autre le paradis; vous irez dans l'un ou dans l'autre, personnellement et dans la plénitude de votre être. »

C'est ainsi que je me permets de faire parler un prêtre catholique. En y réfléchissant, je l'avoue, je prêtais plus volontiers l'oreille à ce dernier, lorsque je pensais surtout au monde de l'esprit, à cette cité de Dieu si pure et si glorieuse.

Ainsi, selon l'expression de l'apôtre, *je flottais à tout vent de doctrine.* J'étais un homme inqualifiable; je ressemblais à une de ces végétations bizarres qui semblent un passage de l'état minéral à l'état végétal, et sur laquelle les savans contestent, ne sachant s'il y a ou s'il n'y a pas organisation. J'étais encore comme un de ces mots étrangers que l'on introduit dans une langue, et qui, bizarrement transformés par une prononciation barbare, ne sont ni d'une langue ni d'une autre : j'étais d'un genre neutre.

Néanmoins, je puis le dire, j'employais tout ce que j'avais d'activité dans l'esprit à poursuivre cette certitude, cette foi qui semblait me fuir; et lorsque je pensais l'avoir saisie et la retenir dans mes bras, un rien me la faisait perdre :

> . . . . *Ceu fumus in auras*
> *Commixtus tenues, fugit diversa. . . . . .*
>
> Virg. *Georg.*

J'aurais voulu croire, et, malgré tout l'effort de ma volonté, je ne le pouvais. Peut-être y a-t-il là quelque chose de plus intime qu'on ne l'imagine d'abord? Peut-être est-cela une punition du doute?

Serait-il étonnant qu'une personne méprisée nous payât de retour? Je n'ose appuyer sur cette idée. Cet effort de ma volonté rebutée, ce passage d'un camp à l'autre, cette succession de doctrines hétérogènes, cette lutte, ce combat, me laissaient des momens terribles, où, fatigué, attéré, je succombais. Alors je maudissais l'existence, la vie; j'appelais le choléra, j'osais traiter Dieu de cruel, ou bien je le niais; je voyais un destin inexorable, une fatalité qui enserrait le monde, un être qui se repaissait de nos douleurs.

Toutefois ces périodes de désespoir étaient courtes et rares; le plus souvent c'était un scepticisme calme, celui d'un homme ardent pour la vérité, mais qui ne peut encore rien affirmer.

C'est à cette époque que je lus l'ouvrage de M. de Vigny intitulé *Stello, ou les Diables bleus* : j'en rendis compte dans un journal. Je crois aujourd'hui pouvoir reproduire cet article, afin de laisser juger de l'état de mes idées par quelques lignes écrites alors sous cette inspiration sceptique.

Stello,

OU

Les Diables Bleus *(Blue Devils)*.

« M. le comte Alfred de Vigny était déjà connu du public : il est auteur de *Cinq-Mars*, de *Poésies* et de quelques autres ouvrages. Cette première consultation du Docteur Noir, qu'il a mise au jour récemment, lui acquiert de nouveaux droits à l'estime publique et au titre d'écrivain distingué. Ce livre est assurément un des meilleurs que l'année présente ait vu éclore ; c'est ce qui nous engage à le faire connaître.

« Voici en peu de mots le sujet ou l'action. Stello est un poète qui, poussé par une manie dite *les diables bleus*, veut abandonner sa lyre et se jeter dans la politique. Le Docteur Noir, médecin savant, mais froid, cherche à le détourner de cette résolution. Il lui rappelle les aventures tragiques de trois poètes, de GILBERT, de CHATTERTON et d'André CHÉNIER. Selon lui, l'artiste doit s'abstenir de politique ; et tous les gouvernemens possibles ont dédaigné, repoussé ou opprimé les poètes, et le feront toujours.

« Tel est le canevas simple de l'ouvrage de M. de Vigny. Mais, grand Dieu ! que de trésors et de beautés il a su jeter

sur un sujet si mince en apparence! De cette toile inanimée
il a fait jaillir un tableau vraiment fantastique. Soit que philosophe et rieur, il verse tour à tour son ironie sur tous les
systèmes et sur tous les partis, soit que faisant revivre des per-
sonnages déjà connus, il les anime d'une grace, d'une beauté
ou d'une méchanceté nouvelles, il sait plaire, fasciner, enchanter; on est suspendu à ses récits comme à ceux d'une
vieille grand'tante quand on est enfant, ou comme jadis les
Grecs autour de Nestor, dont les paroles douces tombaient
comme des flocons de neige dans un jour d'hiver.

« Nous aimons ce livre, car il est la représentation fidèle
de notre époque : il est naïf et prétentieux, simple et travaillé,
philosophique et historique, sincère et railleur, croyant et
fataliste. C'est un imbroglio de tout ce qui se passe dans une
tête d'homme, quand, momentanément éloigné des grandes
villes, il se prend à considérer les hommes et les choses,
et qu'une fine raillerie, jointe à une indicible pitié, vient
se placer, malgré lui, sur ses lèvres et son front pâle.

« Tout ce que j'en dirais ne peut donner une idée de *Stello*;
il faut citer, et citer au long : c'est la meilleure manière de
faire connaître les ouvrages de maître.

« Voici quelques détails extraits d'un chapitre très curieux;
c'est le Docteur Noir qui va rendre visite à Robespierre, au
moment où celui-ci est à l'apogée de sa puissance :

« Vous pouvez très bien, dit-il, vous représenter Robes-
« pierre ; on voit beaucoup d'hommes de bureau qui lui res-
« semblent, et aucun grand caractère de visage n'apportait
« l'émotion avec sa présence. Il avait trente-cinq ans, la figure
« écrasée entre le front et le menton, comme si deux mains
« eussent voulu les rapprocher de force au dessus du nez. Ce
« visage était d'une pâleur de papier, mate et comme plâtrée :

« la grêle de la petite vérole y était profondément empreinte ;
« le sang ni la bile n'y circulaient. Ses yeux petits, mornes,
« éteints, ne regardaient jamais en face, et un clignotement
« perpétuel et déplaisant les rapetissait encore, quand par
« hasard ses lunettes vertes ne les cachaient pas entièrement.
« Sa bouche était contractée convulsivement par une sorte de
« grimace souriante, pincée et ridée, qui le fit comparer par
« Mirabeau à *un chat qui a bu du vinaigre.* Sa chevelure était
« pimpante, pompeuse et prétentieuse. Ses doigts, ses épaules,
« son cou étaient continuellement et involontairement crispés,
« secoués et tordus, lorsque de petites convulsions nerveuses
« et irritées venaient le saisir. Il était habillé dès le matin, et
« je ne le surpris jamais en négligé. Ce jour-là un habit de
« soie jaune rayée de blanc, une veste à fleurs, un jabot,
« des bas de soie blancs, des souliers à boucles, lui donnaient
« un air fort galant.....

« Il était assis sur un fauteuil de cuir vert, devant un
« grand bureau d'acajou, tenant un journal anglais d'une main,
« de l'autre faisant fondre le sucre dans une tasse de camomille
« avec une petite cuiller d'argent.

« Il se leva avec sa politesse accoutumée et fit deux pas
« vers moi, en ôtant ses lunettes vertes, qu'il posa gravement
« sur sa table. Il me salua en homme comme il faut, s'assit
« encore et me tendit la main. »

. . . .

« Voilà pour le portrait historique ; en voici un maintenant
tout-à-fait de fantaisie et qui n'est pas moins remarquable.

« Blaireau est le domestique du Docteur Noir, ou plutôt son
associé, comme on disait en l'an II.

« C'était un grand flandrin, de fort douce et paisible hu-
« meur, qui avait été un terrible canonnier pendant dix ans, et

« qu'une blessure au pied avait mis hors de combat. Ses jambes
« maigres étaient d'une longueur démesurée, et quand il était
« debout, il n'avait pas moins de cinq pieds neuf pouces. Ja-
« mais homme ne s'endormit avec une quiétude plus parfaite,
« ne sommeilla avec une absence plus complète de rêves et de
« cauchemars, et ne fut réveillé avec une égalité d'humeur aussi
« grande. Ce digne homme avait dormi partout pendant dix
« ans, et jamais il n'avait trouvé qu'un lit fût meilleur ou plus
« mauvais qu'un autre. Quelquefois seulement, en été, il
« trouvait sa chambre trop chaude, descendait dans la cour,
« mettait un pavé sous sa tête et dormait. Il ne s'enrhumait
« jamais et la pluie ne le réveillait pas. Lorsqu'il était debout,
« il avait l'air d'un peuplier prêt à tomber. Sa longue taille était
« voûtée et les os de sa poitrine touchaient à l'os de son dos.
« Sa figure était jaune et sa peau luisante comme un parchemin.
« Aucune altération ne s'y pouvait remarquer en aucune occa-
« sion, sinon un sourire de paysan à la fois niais, fin et doux.
« Il avait brûlé beaucoup de poudre, depuis dix ans, à tout ce
« qu'il y avait eu d'affaires à Paris; mais jamais il ne s'était
« tourmenté beaucoup du point où frappait le boulet. »

. . . .

« Ceci est un trait de cette ironie cachée que M. de Vigny
sème à pleines mains dans son ouvrage. Blaireau n'est-il pas
un type, et ne semble-t-il pas s'être incarné parmi nous?...

« Il est une foule de railleries pareilles que nous pourrions
indiquer, telles, par exemple, que cette idée singulière de
faire guérir un poëte par un médecin; l'antique Noblesse de
France, si bien parée, si rieuse, avec sa grace, son babil et
son bon goût, placée tout auprès et côte à côte de ces hommes rudes et grossiers qui appellent chaque chose par son
nom et vont droit au but.

« Mais voici un exemple de la manière de l'auteur.

« Le chapitre est intitulé : *du Mensonge social.*

« Le Docteur Noir : — Il y aura toujours antipathie entre
« l'homme du pouvoir et l'homme de l'art. Comme le pouvoir
« est une science de convention selon les temps, et que tout
« ordre social est basé sur un mensonge plus ou moins ridicule,
« tandis qu'au contraire les beautés de tout art ne sont possibles
« que dérivant de la vérité la plus intime, vous comprenez
« que le pouvoir, quel qu'il soit, trouve une continuelle oppo-
« sition dans toute œuvre ainsi créée. De là ses efforts éternels
« pour comprimer ou séduire.

« — Hélas ! dit Stello, à quelle odieuse et continuelle
« résistance le pouvoir condamne le poëte! Ce pouvoir ne peut-
« il se ranger lui-même à la vérité ?

« — Il ne le peut, vous dis-je ! » s'écria violemment le docteur
en frappant sa canne à terre. « Et mes trois exemples politiques
« ne prouvent point que le pouvoir ait tort d'agir ainsi, mais
« seulement que son essence est contraire à la vôtre, et qu'il
« ne peut faire autrement que de chercher à détruire ce qui
« le gêne.

« — Mais, » dit Stello, avec un air de pénétration (essayant
de se retrancher quelque part, comme un tirailleur chargé
en plaine par un gros escadron), « mais si nous arrivions à
« créer un pouvoir qui ne fût pas une fiction, ne serions-nous
« pas d'accord?

« — Oui, certes ; mais est-il jamais sorti et sortira-t-il jamais
« des deux points uniques sur lesquels il puisse s'appuyer,
« HÉRÉDITÉ et CAPACITÉ, qui vous déplaisent si fort, et aux-
« quels il faut revenir? Et si votre pouvoir favori règne par
« l'Hérédité de la Propriété, vous commencerez, Monsieur,

« par me trouver une réponse à ce petit raisonnement connu
« sur la Propriété :

« — *C'est là ma place au soleil : voilà le commencement*
« *et l'image de l'usurpation de toute la terre.*

« Et sur l'Hérédité, à ceci :

« — *On ne choisit pas, pour gouverner un vaisseau dans la*
« *tempête, celui des voyageurs qui est de meilleure maison.*

« Et en cas que ce soit la Capacité qui vous séduise, vous
« me trouverez, s'il vous plaît, une forte réponse à ce petit
« mot :

« — *Qui cédera la place à l'autre ? — Je suis aussi*
« *habile que lui. —* Qui décidera entre nous?

« Vous me trouverez facilement ces réponses ; je vous donne
« du temps, — un siècle, par exemple.

« — Ah ! dit Stello consterné, deux siècles n'y suffiraient
« pas.

« — Ah ! j'oubliais, poursuivit le Docteur Noir ; ensuite il
« ne vous restera plus qu'une bagatelle, ce sera d'anéantir au
« cœur de tout homme né de la femme cet instinct effrayant :

Notre ennemi c'est notre maître.

« Pour moi, je ne puis souffrir naturellement aucune autorité.
« — Ma foi ! ni moi, » dit Stello, emporté par la vérité ;
« fût-ce l'innocent pouvoir d'un garde champêtre....
« — Et de quoi s'affligerait-on, si tout ordre social est mau-
« vais et s'il doit l'être toujours ? Il est évident que Dieu n'a
« pas voulu que cela fût autrement. Il ne tenait qu'à lui de
« nous indiquer, en quelques mots, une forme de gouvernement
« parfaite, dans le temps où il a daigné habiter parmi nous.
« Avouez que le genre humain a manqué là une bien bonne
« occasion !

« — Quel rire désespéré, dit Stello.

« — Et il ne la retrouvera plus, continua l'autre ; il faut en
« prendre son parti, en dépit de ce beau cri que répètent
« en chœur tous les législateurs. A mesure qu'ils ont fait une
« constitution écrite avec de l'encre, ils s'écrient :

« En voilà pour toujours !

« Allons, dites-le hautement, » ajouta le Docteur se couchant
dans son fauteuil à sa façon : « de quel paradoxe êtes-vous
« amoureux maintenant, s'il vous plaît ?

« Stello se tut.

« — A votre place, j'aimerais une créature du Seigneur
« plutôt qu'un argument, quelque beau qu'il fût.

« Stello baissa les yeux.

« — A quel mensonge social nécessaire voulez-vous vous
« dévouer ? — Car nous avouons qu'il en faut un pour qu'il y
« ait société. — Auquel, voyons ? Sera-ce au moins absurde ?
« lequel est-ce ?

« — Je ne le sais, en vérité, dit la victime du raisonneur.

« — Quand pourrai-je vous dire, continua l'imperturbable,
« ce que je sens venir sur mes lèvres toutes les fois que je
« rencontre un homme caparaçonné d'un pouvoir : *Comment
« va votre mensonge ce matin ? — Se soutient-il ?* » . . . .

« O noir Docteur, glacial Docteur, fatal Docteur, il me
semble d'ici te voir, avec ta figure contractée, rire dans les
quelques dents qui te restent. Pour toi la société est comme un
homme : tu la prends comme tu ferais d'un cadavre quand tu
es à l'amphithéâtre, et le posant sur la table de marbre, tu
sondes avec ton scalpel, tu coupes, tu tailles, tu pénètres partout, dans le cœur, dans les entrailles, dans le foie, dans le
crâne. N'auras-tu donc pas de pitié, et feras-tu comme cet
autre docteur auquel j'ai entendu dire : J'ai fouillé long-temps

dans le crâne, dans le cerveau, dans les mille circonvolutions de la tête; j'ai trouvé du sang, des humeurs, des nerfs, des veines, etc. : mais ce qu'on appelle ame, point, point, point ! je n'ai rien trouvé......

« Hélas ! aussi, pauvre Alfred, on voit bien que les diables bleus logés sur votre tête y ont fait leur sabbat et leur ronde plus d'un jour. Ils ont scié, taillé, coupé, vidé jusqu'au fond les bosses du merveilleux et de l'espérance. Mais, pour Dieu ! M. le comte, la bosse de la sagacité comparative se projette sur votre front comme un vaisseau sur une mer calme; et si les farfadets vous ont dérobé quelque chose, ce n'est, certes, ni l'esprit, ni la fine raillerie.

« Aussi attendons-nous avec confiance une seconde consultation du Docteur Noir.

« Sous le rapport typographique l'ouvrage ne laisse rien à désirer. Il est orné de trois jolies vignettes dessinées par Tony Johannot; celle qui représente Chatterton et la marchande de gâteaux, Kitty Bell, nous paraît la plus expressive. »

(Le Sémaphore du 8 août 1832.)

*

CHAPITRE XIV.

—

La Solitude. — L'Astronomie.

Lord Byron.

PEU de temps après , je fis une ample
provision de livres , et , dégoûté des hommes, j'allai me retirer à la campagne. Là, dans le
silence et la paisible tranquillité des champs, je
me livrai à l'étude et portai successivement mon

attention sur des ouvrages bien divers : je lisais *Notre-Dame de Paris* et les *Harmonies poétiques* de M. de Lamartine, lord Byron et M. de La Mennais, le Coran et la Bible. Je repris l'étude des langues anciennes ; je lus les poètes latins, je relus Homère, et m'appliquai de nouveau aux langues modernes dont j'avais commencé l'étude. Je cultivai la botanique et l'astronomie : cette dernière science, l'astronomie, devint pour moi une passion.

Dans les belles soirées d'été, je suivais avec un plaisir merveilleux la marche des constellations ; et au moyen d'une lunette j'observais le mouvement des satellites de Jupiter et les phases diverses de la lune. Privé des secours d'un maître, j'appris tout seul à distinguer les constellations, à connaître les douze signes du zodiaque, le mouvement et la place des planètes. Je m'en souviens, ce fut avec grand plaisir que je reconnus Jupiter. J'observais aussi la lune, sa sphéricité, ses phases, ses taches, ses aspérités. J'étais fier de toutes ces choses, comme si je les eusse découvertes : il y avait pour moi de l'imprévu.

Je me livrais encore à l'étude de l'histoire, tant ancienne que moderne, et à celle de plusieurs sciences physiques. Enfin, je tâchais de m'occuper

et de me distraire, peut-être même d'opprimer ma
tête sous toutes ces sciences.

En lisant les anciens poètes, j'eus l'occasion de
me convaincre qu'ils avaient tous connaissance de
l'astronomie et en parlaient en hommes instruits.

J'affectionnai d'abord Horace, puis lord Byron,
dont j'ai lu les œuvres complètes d'un bout à
l'autre; ensuite les sciences physiques, et de temps
en temps la Bible. Je lisais Job, Jérémie ou l'Ecclésiaste ; et, avec un goût constant, chaque soir je
regardais mes constellations chéries, la petite et la
grande Ourse, le Scorpion, le Sagittaire, le Capri-
corne, Cassiopée, la Lyre, etc., et les planètes qui
étaient sur l'horizon. Il m'est arrivé, plus d'une
fois, de me lever au milieu de la nuit ou avant
l'aurore pour regarder cette demi-sphère du ciel
que la saison ne me permettait pas de voir. Alors
je contemplais les Pléiades et le Taureau, Orion
avec sa ceinture brillante et sa massue d'or, Sirius,
etc. Et ces milliers de soleils placés dans l'espace
me ramenant à leur cause, je prosternais mon ame
devant CELUI QUI EST, et je rentrais lire un de ces
psaumes inspirés de David qui s'ouvrent par ces
paroles : *Louez l'Eternel.*

L'astronomie est la science qui jusqu'ici m'a

procuré le plus de plaisir. Depuis cette époque, je me suis trouvé en voyage; et dans les longues nuits de la diligence, quand on ne sait que faire et qu'on ne peut dormir, je m'amusais à reconnaître la position du lieu où nous étions, si la voiture allait au nord ou au midi, à l'est ou à l'ouest, quelle était approximativement l'heure de la nuit. Quelquefois encore, me trouvant dans une ville étrangère, après m'être promené tout le jour et avoir vu partout des édifices inconnus, des rues inconnues, des figures d'homme et de femme inconnues, qu'il m'était doux le soir, à cette heure de la nuit où l'on respire le frais, de revoir mes astres chéris, les deux Ourses et Cassiopée, les constellations zodiacales, tous ces astres que j'appelais par leur nom, tous ces amis, eux si constans dans leur mobilité apparente, moi si coureur, si ami du neuf dans mon apparente immobilité! Je voyais en eux des êtres que mon cœur aimait, des amis, et il me semblait encore être aux lieux où se passa mon enfance, auprès du toit paternel.

Ainsi les astres me ramenaient à mon pays et à Dieu. Toutefois on serait dans l'erreur si l'on croyait que l'astronomie reporte naturellement vers Dieu. De nos jours, cette science, telle qu'elle est dans les

livres, est à peu près matérialiste. Mais en quittant
ces ouvrages où l'on ne trouve guères que des faits
et des calculs, j'allais me placer sous la voûte
éthérée; là je contemplais les astres de tous mes
yeux, je m'élevais jusqu'à eux, mon ame sentait
l'infini; et quelquefois, me rappelant les doctrines
platoniciennes, je songeais aux astres visibles et
aux astres intelligibles, ou à cette harmonie que
les sphères produisent en se balançant et font
monter vers l'absolu.

S'il y a des raisonnemens dans nos livres, s'il y a
quelque chose d'incontestable dans les argumens
de la logique, il y a aussi dans le ciel un grand
syllogisme. Ces globes arrangés dans l'espace selon
des lois inconnues (car nous ne connaissons que
celles de notre système planétaire) semblent des
caractères jetés çà et là, des argumens avec leurs
prémisses et leurs conséquences; ou mieux encore
une parole vivante, un Λογὸς que tous les hommes
peuvent sentir, que tous sentent, et qui racontent
sans cesse la gloire de Dieu.

Je pensais encore que les anciens dont je lisais
les œuvres avaient vu ces mêmes astres comme
moi. Il est parlé dans Job, des Pléiades, des Hyades,
d'Orion, etc.; et depuis les milliers d'années que

ce livre est écrit, ces constellations sont toujours au firmament dans le même ordre, inaltérables et constantes. Que de choses se sont passées dans l'univers! Que d'agitations, que de révolutions parmi nous, pauvres mortels! Des nations qui naissent, qui grandissent et disparaissent! Et ces globes incommensurables, en nombre presque infini, n'en sont pas affectés le moins du monde; et nous sommes pour eux, dans cette vie éphémère, ce qu'est pour nous la fleur des champs que le matin voit éclore et que le soir voit faner. Nous-mêmes qui parlons et qui voyons, nous passerons aussi; et quand nous serons oubliés, ces astres, toujours les mêmes, parleront la même langue à nos descendans.

Après ce qu'on vient de lire, et qui est un exposé imparfait des idées qui m'agitaient dans ces agréables soirées, on se doutera bien que je n'étais pas athée; j'avais une grande foi en Dieu. Mais le jour revenait, je reprenais lord Byron, et me laissant guider par lui dans ces espaces ténébreux du doute peuplés de fantômes et d'Euménides, je le suivais en tremblant quand il portait son audacieuse parole sur la Providence, ou quand il se vautrait dans la boue et l'ironie avec

Don Juan. Mais j'allais avec lui de gaîté de cœur, quand il prenait son fouet pour tancer les hommes, et qu'il les accablait de ses injures hautaines et de ses mépris. Je lisais volontiers son *Lara*, son *Conrad, le Siége de Corinthe, le Corsaire*, etc.

O grand poète! toi qui as élevé jusqu'au sublime le doute et le blasphème, je t'aimais, mais d'un amour étrange. Quand tu décorais ce qu'il y a de plus vil au monde de tous les trésors de ton génie, quand tu jetais du venin sur ces idées pures de bien, de vrai, de beau, je t'aurais étreint dans mes bras, mais ce n'eût pas été d'amour. Il me semblait voir sur ton front si fier et si beau ce signe, cet odieux signe que le doigt de Dieu avait tracé jadis sur celui de Caïn.

J'avais lu les plaintes que le poète laisse échapper sur les ruines de la Grèce; elles sont belles, sans doute. Je m'avisai de les comparer à celles de Jérémie sur les ruines de Jérusalem; quelle différence! Il y a la distance de l'inspiration humaine à l'inspiration divine. Jérémie évoque Jérusalem sous la figure d'une vierge, et c'est elle qui se lamente et raconte sa ruine. Qu'y a-t-il de plus beau que ces paroles?

« *Vous tous, passans, regardez, et voyez s'il y a une douleur comme ma douleur.* » L. J. c. I.

Et puis cette refléxion sombre et amère :

« *Ils ont sifflé et branlé la tête contre la fille de Jérusalem, disant : Est-ce ici la ville de laquelle on disait : la parfaite en beauté, la joie de toute la terre ?* » L. c. 2.

Byron ne sait à quoi attribuer cette ruine de tant de villes, cette beauté éclipsée, cette gloire d'un jour. Tout cela a péri; pourquoi? Le poète n'en sait rien : tout au plus s'il a quelque amer sourire. Mais Jérémie nous dit pourquoi Jérusalem est devenue veuve de ses enfans : c'est qu'elle a méconnu la volonté de son Dieu.

« *L'Eternel est juste, car je me suis rebellée contre son commandement.* » c. 1.

※

CHAPITRE XV.

—

Des Livres et de la Science.

> « — Et j'ai appliqué mon cœur à
> connaître la sagesse, et à con-
> naître les erreurs et la folie ;
> mais j'ai connu que cela était
> aussi un tourment d'esprit.
>
> « — Car où il y a abondance de
> science, il y a abondance de
> chagrin ; et celui qui s'accroît
> de la science s'accroît de la
> douleur. »
>
> (*L'Ecclésiaste*, ch. ɪ.)

JE me souviens toujours de la vénération avec laquelle j'entrais autrefois dans les bibliothèques publiques. Je ne pouvais voir ces grandes galeries, ces longues files de livres rangés

en ordre, sans un profond respect, sans une grande
émotion. Lorsque j'avais obtenu l'ouvrage que
j'étais venu demander, je me mettais en place;
mais il m'était impossible de lire attentivement.
Mes yeux se portaient errans vers les énormes in-
folio que j'avais en face; ils calculaient leur mesure
et leur poids : c'était la charge d'un homme. Je
pensais à la science prodigieuse des auteurs de
pareils ouvrages et au temps qu'ils avaient dû employer, et les comparant à nos minces in-octavo où
à nos in-douze, je ne pouvais m'empêcher de rire
de pitié et de narguer mes contemporains. Si je
n'avais eu déjà la tête découverte, j'aurais mis mon
front à nu, et m'inclinant avec respect devant
ces colosses de la science, je les aurais salués à
deux genoux.

C'est qu'alors la science était pour moi presque
une religion. J'adorais les livres, et plus d'un auteur était une idole devant qui je sacrifiais toute
idée et tout penchant opposés. Le bibliothécaire
me semblait un prêtre; ses commis, des messa-
gers divins; et je croyais sentir, dans l'atmosphère
de la salle, je ne sais quel parfum qui m'allait au
cœur.

Je me levais, je me promenais d'un bout à l'aulre de la galerie, je dévorais les titres de ces piles de livres que cent vies d'homme ajoutées l'une à l'autre ne pourraient lire en entier. N'importe: j'aurais voulu les lire tous, tous sans exception, et depuis la première page jusqu'à la dernière. Je déplorais la vie courte de l'homme, me souvenant de cet aphorisme: *Vita brevis, ars longa.*

Que de trésors enfouis! quelle mine de diamans! Tout ce que l'antiquité et le moyen-âge ont eu de grands hommes était venu déposer là son génie; et quelquefois personne n'errait dans les longues galeries, nul ne venait les consulter. Il n'y avait peut-être que la main ridée du vieux commis de la bibliothèque, qui les visitait de temps en temps et chassait la poussière et les vers. Mais là-bas, dans la rue, le peuple courait vif et empressé, n'ayant aucun souci de la science et ignorant l'existence même de ce temple scientifique. Seulement quelques jeunes élèves du collège venaient demander Homère, Aristote ou Virgile, et cela.... pour copier les traductions!

O vénérables et dignes hommes qui avez conservé jusqu'à nous, avec tant de soin et parmi les guerres si furieuses du moyen-âge, ce trésor de lumières, vous ne vous doutiez guères qu'un jour

les descendans de ces mêmes barbares que vous
vous efforçâtes de civiliser, traiteraient ainsi vos
chefs-d'œuvre; vous ne vous doutiez guères qu'un
jour viendrait où l'on se servirait de ces mêmes
armes contre la foi que vous prêchiez au monde,
et que votre nom, ce nom général sous lequel on
vous désignait, deviendrait un titre de réprobation
et d'opprobre!

Puis, d'une main tremblante, j'allais prendre
quelqu'un de ces énormes livres que nul courage
de lecteur n'osait affronter; je me trompe, il me
fallait mes deux mains; quelquefois même j'entendais les pas du commis de la bibliothèque, qui
accourait à moi pour m'aider. Ensuite, l'objet de
mon culte placé sur la table, je l'examinais, je
regardais avec curiosité la reliure, la couleur jaunie
du papier, les piqûres des vers, les vignettes bizarres; je lisais d'un bout à l'autre le titre si long et
si détaillé, la dédicace, et je considérais avec
amour le portrait de l'auteur, cet auteur si grotesquement vêtu.

C'est ainsi que j'ai feuilleté, de longues heures,
le *Speculum Astrologiæ* et l'*Auri Fodina*. Sur ce
dernier ouvrage, je fus bien désappointé : je l'avais
ouvert, croyant repaître mes yeux d'une œuvre

d'alchimie, d'un traité sur l'art de faire de l'or, lorsque je m'aperçus qu'il s'agissait simplement des sentences des Pères de l'Eglise. C'était une encyclopédie, un dictionnaire scientifique, formé par des fragmens des Pères. Ma naïveté de moderne n'y tint pas; je croyais trouver de l'or, c'était seulement de l'intelligence et de la sagesse, choses qui, de nos jours, sont loin de passer pour de l'or.

Ce qui m'étonnait en parcourant le *Speculum Astrologiæ*, c'était de voir l'immense quantité d'auteurs qui s'étaient occupés de cette science, la prodigieuse masse de faits sur lesquels elle s'appuyait; et çà et là quelques notes écrites sur les marges par la main paisible d'un homme de cloitre indiquaient l'attention sérieuse avec laquelle ce livre avait été lu. *Quæ tamen sunt facta,* y avait-il; et, en sortant, je me redisais ces paroles, et je m'étonnais de la hardiesse de ces hommes du moyen-âge que l'on qualifie de barbares et qui avaient de si hautes idées de l'humanité, qui croyaient que l'univers entier, que les astres s'intéressaient aux nations comme à l'homme, et que dans la nature il n'y avait rien de vain, mais que tout était créé pour une fin commune, pour l'homme, cette image vivante de Dieu.

— Assez long temps après, le scepticisme se glissa dans mon cœur, et tout en conservant une grande estime pour certains ouvrages, mon idolâtrie de la science se refroidit. A force de lire, je m'aperçus qu'en général les mêmes pensées étaient répétées, et que l'esprit humain, quelque allure qu'il se donnât, ne sortait guères d'un certain cercle. Je connaissais les anciens, et cela par moi-même et de mes propres yeux; je ne pouvais dire qu'ils étaient inférieurs aux modernes, et j'y observais une science presque aussi profonde sur la nature et sur l'homme. En lisant un ouvrage moderne et y rencontrant quelqu'une de ces vérités qui sont de tous les temps et de tous les lieux, je remontais en idée vers les siècles écoulés, et trouvant que pareille chose avait été dite depuis quatre mille ans ou plus, il me semblait voir tous ces auteurs de livres occupés à se lire les uns les autres, à se copier, à se voler, et involontairement je me rappelais ce propos de Voltaire : *Il compilait, compilait, compilait.*

De nos jours, un auteur distingué, un philosophe a ramené tous les systèmes de l'esprit humain à six principaux. On pourrait, avec un peu de bonne volonté, les réduire seulement à deux et dire : il n'y a que deux choses dans le monde, LA MATIÈRE et L'ESPRIT. Tel est le cercle de l'esprit humain; il ne s'agite et ne peut s'agiter que là. Cette immense quantité de livres peut donc se ranger en deux parts, en deux camps; et ces deux rivaux, aussi vieux que le monde, sont toujours aux prises, ayant, chacun, leurs grands hommes, leurs hommes de tête et leurs hommes de main.

Dès lors mon amour pour les livres et les grandes collections de livres commença à décliner. Ce fut bien pis quand je me mis à considérer que c'était à cette même science que je devais les tourmens de mon cœur et de mon esprit, que sans elle j'aurais passé ma jeunesse au milieu des choses riantes de la vie, que c'était elle qui m'avait ravi mes illusions. Alors, me mettant en colère, je brisais, je maudissais mes idoles, ainsi que fait le sauvage quand il n'est pas content de ses dieux; j'appelais tous ces livres, ces livres jadis adorés, des bouquins, de vieux bouquins, digne pâture des vers, bons tout au plus pour plier du poivre et du gingembre.

C'est ainsi que mes pieds oublièrent peu à peu le chemin des bibliothèques, et que mes yeux se dégoûtèrent des caractères imprimés. Dans cette rage et dans cette face nouvelle de ma pensée, je devenais cruel; et repassant dans ma mémoire le peu de livres que je voudrais sauver (ils étaient en très petit nombre), j'approuvais le fanatisme d'Omar, qui fit metre le feu à la plus belle bibliothèque des temps anciens. J'aurais brûlé, avec une impassibilité réfléchie, tout ce recueil de livres inutiles à la vie et dont les neuf dixièmes du genre humain savent bien se passer; pour peu que l'on m'eût pressé, je n'en aurais excepté qu'un seul, et je serais sorti de ces immenses librairies emportant un seul volume sous le bras, LA BIBLE.

Autrefois je me figurais qu'un artiste, qu'un savant était un homme plus qu'ordinaire. Il me semblait le voir grand de six pieds. Je pensais que son front devait resplendir de l'un de ces rayons dont Dieu marque ses élus. Tout homme qui avait son nom imprimé en grosses lettres sur la porte d'un libraire, devait avoir en lui quelque chose d'extraordinaire. Depuis lors, j'ai vu des savans, des artistes, des orateurs, etc.; mais j'avoue qu'aucun n'a réalisé cette fantaisie ou ce rêve de mon imagination. J'ai trouvé tel orateur petit, fluet, laid de visage et rebutant, tel poète à la figure bouffie ou commune, tel savant laid ou borgne.

Je me souviendrai toujours d'une leçon d'astronomie à laquelle j'assistais au collége de France. Le professeur est un homme distingué qui jouit d'une réputation méritée. Il était en face d'un tableau carré, peint en noir, sur lequel il traçait rapidement des A et des B. Puis, à chaque équation terminée, il se retournait vers les élèves, et son corps chancelant sur son pied boiteux lui donnait un aspect comique. Je ne pouvais m'empécher de rire, quoique la chose fût toute simple et bien naturelle.

Je me rappelle encore la blanche figure de M. Cuvier et la laideur de M. Andrieux : ce qui prouve que dans ce monde chacun paie son tribut à l'humaine nature. Mais l'idée grandiose que je m'étais formée des hommes de la science s'est envolée, légère comme la fumée qui se dissipe dans les airs.

L'homme qui s'occupe d'une science s'aperçoit, après quelque temps d'étude, qu'elle tient par ses ramifications à plusieurs autres sciences, qu'elle y est intimement liée et n'en est, pour ainsi dire, qu'une branche. Il observe qu'elle part de principes qu'elle ne conteste pas, et que même elle ne suppose pas contestables; principes qui cependant sont du domaine de la pensée, et sur lesquels d'ailleurs elle exerce ses droits. Il y a encore, dans les sciences, un avenir, un inconnu que nul ne peut indiquer, mais que l'on sent. C'est pourquoi l'homme ne doit pas se renfermer uniquement dans la partie scientifique qu'il cultive, il est rare même qu'il le puisse; c'est ailleurs que par instinct il cherche le *summum*, la vie, et c'est en effet ailleurs qu'il doit les chercher. La science repaît l'esprit, mais laisse le cœur vide; elle donne des doutes et ne les résout pas. De nos jours, elle me semble tellement faussée, qu'elle ne peut porter qu'au mal, quoique au fond, et j'en suis convaincu, elle soit indifférente de sa nature et puisse porter vers le mal ou vers le bien.

Mais, dans les tourmens de mon scepticisme, je me disais : Maudite soit la science, maudits soient les savans, maudits soient les livres! C'est par eux que la douleur est entrée chez moi. Ils m'ont présenté leurs appas, et mes désirs, loin d'être rassasiés, sont toujours les mêmes. Je suis comme le cerf qui soupire après les eaux fraiches, je les appelle, et elles ne viennent pas. Ensuite je m'écriais, chose étrange : Plût au ciel que je n'eusse jamais su lire, plût au ciel que je ne susse pas lire!

Dans ma haine des caractères typographiques je n'exceptais rien, et j'enviais le bonheur des habitans de la campagne qui n'ont jamais arrêté leurs yeux sur des lettres arides, mais qui les laissent errer librement sur les terres fertiles, sur les montagnes ou vers le ciel.

Quelquefois, mettant de côté la science, je me prenais d'un grand regret pour les hommes du moyen-âge; je les trouvais héroïques, grands en tout, dans le vice comme dans la vertu. Je regrettais la ruine de ces cloîtres paisibles où en entier l'homme se dévouait à Dieu, où le bruit du monde venait expirer comme le flot sur le rivage; où l'homme agité dans sa tête et dans son cœur trouvait la paix, cette paix après laquelle il soupire et qu'il ne trouve pas. C'est que la paix n'existe que dans la satisfaction, et que rien ne peut satisfaire l'homme que l'infini. Je les voyais ces hommes, avec leur longue patience, transcrire les monumens de l'antiquité, ou, se consacrant avec calme à une branche de la science, produire ces œuvres consciencieuses et fécondes qui nous étonnent et nous semblent l'ouvrage d'une race plus forte qui a disparu de dessus la terre. Je me souvenais encore de cette foi incontestée qui régnait alors, de cette poésie de l'enfance qui accompagnait l'homme au tombeau, de cette ardeur chevaleresque, de ce dévouement absolu, de ces guerres et de ces croisades, de ces terribles châteaux-forts, de ces églises-symboles qui à elles seules étaient un poème et qui parlaient à l'ame par leurs voûtes sombres et prolongées et l'élancement de leurs aiguilles et de leurs clochers. Je me rappelais cette admirable unité qui régnait en Europe sous l'autorité pacifique du successeur de Pierre, cette unité qui se manifestait par l'esprit; et mon ame, se retournant vers ce qui n'est plus et le décorant peut-être de plus de prestiges qu'il n'en avait, se prenait d'un amour merveilleux pour cet âge, et je me surprenais à dire ces paroles : Plût au ciel que j'eusse vécu à cette époque ! Comme j'aurais été heureux !

CHAPITRE XVI.

Ma Retraite. — Vallon-Vert.

> Je sais sur la colline
> Une blanche maison;
> Un rocher la domine,
> Un buisson d'aubépine
> Est tout son horizon.
>
> Là jamais ne s'élève
> Bruit qui fasse penser;
> Jusqu'à ce qu'il s'achève
> On peut mener son rêve
> Et le recommencer.
>
> LAMARTINE.

A DEUX lieues de Marseille s'élève une maison blanche au milieu d'un vallon vert. Jadis seigneurie, elle n'est plus aujourd'hui que simple maison de campagne; mais ce que le temps n'a pu lui enlever, c'est son nom, et l'à-propos de ce nom : elle s'appelle *Vallon-Vert*. En effet, c'est une vallée verdoyante, avec des eaux, une prairie, des arbres à fruit, et sur les coteaux fleurissent des bouquets d'oliviers, des bouquets de pins, dont la verdure forme un agréable contraste. Du haut des coteaux la vue s'étend çà et là, et l'on a un aspect quadruple : au nord, ce sont des montagnes grisâtres, stériles et qui réfléchissent les rayons du soleil; à l'orient, c'est un village assis sur le penchant d'une colline, avec son clocher pointu et ses maisons en amphithéâtre, au sommet une chapelle à la Vierge; au midi, l'œil plonge dans une vallée étendue, semée de pinèdes, de maisons de campagne grises ou blanches, de quelques hameaux; on y voit en tout temps le laboureur qui trace des sillons; des collines sont à l'horizon, gracieuses, s'élevant avec leurs festons inégaux et découpées comme pour le plaisir des yeux; à l'occident, ce sont encore des bosquets de pins, mais touffus et noirs; on les prendrait de loin pour des forêts; et plus lointaine, paraissant comme une ligne bleue, la mer, la mer que dans les jours sereins on aperçoit décorée de petites voiles blanches.

C'est dans cette retraite que j'ai passé de longs

jours, errant çà et là, m'asseyant à l'ombre des arbres, et du matin au soir en face du soleil et de la voûte du ciel.

C'est là que j'aimais à sentir le vent, le vent vif qui vient de la mer : j'écoutais avec plaisir son long murmure, le bruissement qu'il excite dans le feuillage ; je regardais la chevelure flottante des pins, je respirais avec délices une fraîcheur inusitée, je présentais mon visage au vent, je le humais de mes deux narines, et ouvrais la bouche comme pour le recevoir.

Ensuite, je me plaisais sous cette voûte du ciel, j'aimais à contempler sa largeur ; mon œil n'était plus arrêté par de viles murailles ; je regardais le soleil, mais d'un œil fixe, et de là les vastes campagnes et l'horizon. Ma figure, que des yeux d'homme n'examinaient plus, devenait l'image de mon ame ; elle était joyeuse ou triste selon les sentimens du cœur, elle s'épanouissait à l'aise et jouissait dans sa liberté. J'élevais la voix et je parlais aux vents, ou je jetais quelque parole de dédain aux hommes, à ces hommes qui sont entassés dans des villes, et que des vices de corps et d'ame rongent incessamment.

Je respirais la senteur des pins, des herbes

odoriférantes; je cueillais des fleurs, et ma vue se complaisait en elles; je leur trouvais des mystères de grace et de fraîcheur. Je m'abreuvais, autant qu'il était en moi, d'air, de parfums, de lumière; je laissais à mes yeux une liberté pleine, et ils s'envolaient çà et là. Loin des hommes et de leurs visites importunes, je me sentais vivre; je me rendais maître de tout ce qui m'entourait; j'étais libre, j'étais moi. Je rejetais ces tronçons de chaîne dont la société avait voulu me lier; je m'établissais juge d'elle; et autant que jadis, dans ma période saint-simonienne, j'avais exalté les hommes et leurs sociétés, autant je les maudissais, autant je distillais sur eux ma haine, autant je leur jetais mon fiel. Peut-on concevoir l'orgueil de ces hommes qui s'enferment dans quatre murailles, et là se redressent parce qu'ils s'entendent parler? Appliquez votre vie à des états absurdes, plus niais les uns que les autres; courez dans vos rues sales et infectes, attachez toujours vos regards à terre, et raffinez votre orgueil et vos vices! Oh! vraiment, vous faites bien de vous moquer de ceux qui vous censurent, de ceux qui vous appellent au bonheur! Le bonheur?.... en sont-ils dignes?

Si je pouvais leur apporter le contraire de ce que
naguère mon dévouement d'enfant leur présentait!...
— Mais pourquoi s'inquiéter des hommes? Valent-
ils la peine qu'on s'occupe d'eux? Pour eux sor-
tirais-je de cette retraite paisible, quitterais-je mon
air et mon soleil, et ma douce liberté? Irai-je pour
eux modifier mon visage, paraître approuver ce
dont je me moque, m'attrister lorsque j'ai envie
de rire, baisser les yeux quand mon ame se redresse
fière et presque insultante? Oh! ici je ne fais que
ce que je veux, j'erre où je veux, je prends ma
part de lumière et m'établis roi sur ce qui m'entoure.

Ensuite, lorsque le soleil descendait et que son
disque projetait horizontalement ses rayons, j'allais
sur la hauteur, et m'appuyant à un arbre je restais
immobile à le contempler. Cet astre clair et serein,
ou entouré d'un voile de nuages, tantôt triste,
tantôt beau, finissait par disparaître à mes yeux.
J'ai resté de longues heures à le regarder ainsi.
J'aimais à voir les effets de la lumière, les rayons
jaunes ou rouges, grisâtres ou couleur de feu,
pourprés ou couleur de chair, et les nuages chaque soir diversement placés, changeant subitement
de couleur, tantôt s'étendant en longues lignes et

tantôt amoncelés en un point. Puis, l'astre, le roi de la nature, descendant avec calme, lentement et avec majesté, semblait quitter à regret notre hémisphère. Je le voyais se coucher, selon les temps, derrière des bois sombres, illuminés par sa clarté mourante, ou derrière des montagnes, ou se plonger dans les eaux de la mer. Ainsi je suivais son mouvement annuel et le voyais s'avancer le long de l'écliptique.

Que de réflexions n'ai-je pas faites alors? Ce soleil toujours le même, qui chaque soir s'en allait, ce soleil qui engloutissait une journée de ma vie et qui me semblait dire que tout passe, que tout s'enfuit; je le voyais de mes yeux, je le regardais avec amour, et un instant après il avait disparu, je le cherchais en vain. Que de choses qui s'élevaient dans mon ame! des souvenirs doux comme le miel et qui me remplissaient d'amertume; des espérances brisées, une jeunesse qui s'envolait, des forces employées à me consumer!..... Puis, je regardais encore une fois la teinte sombre ou rose qui se projetait sur le ciel, et lorsque les ombres des montagnes descendaient, je descendais aussi dans la vallée.

La nuit venait me calmer. La terre et les pensers

impurs qui s'en exhalent s'envolaient au loin. J'étais
seul, et mes yeux s'élevaient vers les étoiles ou
vers le globe argenté de la lune. J'ai toujours aimé
la nuit; il y a en elle quelque chose de triste qui
me séduit: on est isolé, on se sent, l'on s'écoute
vivre. Je regardais avec amour les planètes, et j'appelais par son nom chaque constellation. Je suivais, avec un plaisir toujours nouveau, la marche
descendante des signes du zodiaque, ou bien le
mouvement diurne du ciel. Que de douces heures
j'ai passées ainsi! Nul bruit, si ce n'est celui d'un
insecte sous le feuillage, quelque voix d'homme
mourante, ou la cloche du hameau qui tintait faiblement, l'odeur des parfums du soir, et cette
éclatante voûte naguère uniforme se révélant peu
à peu avec ses milliers d'astres flamboyans et son
écrasante beauté. L'infini! l'infini!... tel était mon
dernier mot.

O ma douce retraite, mon château-fort, combien
tu m'as défendu des atteintes des hommes, de leurs
regards et de leurs discours! Comme tous les objets
que rencontrait ma vue étaient bienfaisans pour
moi! partout le silence, un grand silence, des choses qui se complaisent dans le calme, des montagnes, des arbres et des vallées. Mon esprit agité s'y

reposait avec délices et peu à peu s'imprégnait de
leur douce paix. Toute approche d'homme me
faisait souffrir, et je le fuyais quel qu'il fût, comme
la chèvre sauvage qui saute les haies et bondit sur
la montagne. Je fuyais toute vue de femme : c'était
pour moi un type de mal. J'aimais mieux lever les
yeux vers le ciel et regarder le soleil poursuivre ma-
jestueusement sa course, j'aimais mieux considérer
çà et là les nuages poussés par le vent, leurs masses
bizarres et grotesquement taillées : j'y croyais voir
des têtes d'animaux, des génies, des serpens.

Peut-être eus-je alors quelques manies. Je rejetai l'usage des montres, comme une invention
absurde : je connaissais l'heure, pendant le jour,
d'après la hauteur du soleil, et la nuit, d'après celle
des étoiles. Je rejetai tout usage de calendrier et
ne connus les mois que par le signe où brillait le
soleil. Mes vêtemens étaient sales et négligés, et je
me complaisais dans ma solitude, tout seul, loin
des hommes et de leurs inventions fatales.

Tout cela est vrai, et je ne raconte peut-être que la
centième partie de ce que j'ai éprouvé. Mes vêtemens négligés me permettaient d'aller partout, de
m'étendre à volonté sur l'herbe, de sentir la douce
fraîcheur de la pluie, de prendre la bêche ou la

serpette, de jouer avec les eaux courantes, ou de me coucher à demi pour guetter les oiseaux. Puis, non content de ce que ma vue me donnait naturellement, je me servais du microscope pour considérer les feuilles et les fleurs, les insectes ou les pierres, et j'y trouvais des choses curieuses, de ces infiniment petits qui me ravissaient; ou bien, je braquais une longue lunette sur les campagnes voisines, et loin, très loin, j'apercevais des hommes, des femmes, des enfans; je considérais avec curiosité les hameaux, comme si je n'en eusse vu de ma vie, ou autrement je regardais la mer et ses petites barques.

Le soir, c'était la lune que je me détaillais, ou les planètes visibles et les satellites de Jupiter. C'est ainsi que je faisais grandir ma vue. Mes yeux, qui jadis s'étaient fatigués à lire des caractères imprimés, et qu'une feuille impitoyable arrêtait dans leur essor, se déployaient aujourd'hui librement. Ils s'ouvraient dans toute leur orbite, et sur leur rétine tendue se peignaient mille objets divers; aussi étaient-ils dans leur force et acquièrent-ils une grande puissance.

Au fait, n'avais-je pas mes plaisirs? Quel

tableau de peintre valait le tableau varié de la terre, ou celui du ciel? Quelle musique valait celle qui s'offrait à moi naturellement? le gazouillement des oiseaux sous la feuillée, les eaux jaillissantes ou tombant en cascades, les bêlemens des brebis, le chant rustique du pâtre, le bruit lointain des charrettes et des grelots, quelquefois le mugissement du vent dans les cimes des arbres, le battement monotone de la pluie, ou le bruit éclatant du tonnerre. Cette musique ne vaut-elle pas celle des hommes, et tous leurs concerts en approchent-ils? Quel spectacle égalait celui du soleil qui se lève et du soleil qui se couche? Quel livre, fût-ce même la Bible, valait les deux pages entr'ouvertes du ciel?

C'est que ces astres jetés çà et là ne le sont pas sans ordre. Semblables à des caractères qu'une tête qui pense prend dans des cassetins, range en ordre, et qui forment un sens, une parole, ainsi ces caractères de feu tracés dans l'espace ont un sens, sont un verbe.

Que les jouissances des hommes sont peu de chose auprès de celles-là! Je les avais toutes éprouvées; rien de ce qu'ils poursuivent ne m'était inconnu, je m'étais saturé de leurs plaisirs; et maintenant, de sang-froid, je préférais à toutes leurs inventions la grande épopée de la nature, la création de Dieu.

Oh! lorsque j'étais forcé de quitter ma retraite et de retourner à la ville, c'était avec humeur, avec dégoût, avec haine, que j'y mettais les pieds. Je m'y trouvais à l'étroit, offusqué de rencontrer des regards qui s'attachaient à moi; je cherchais le ciel et le soleil, que je n'apercevais plus; l'air semblait me manquer, mon odorat était désagréablement affecté, je ne pouvais marcher à l'aise, et mes yeux étaient comme traqués dans d'étroites murailles. C'était bien pis quand il fallait faire comme les autres hommes et remplir une des fonctions de la vie. Quel ennui! quelle tristesse! Je traînais ma chaîne en rugissant, je maudissais la volonté impitoyable qui m'y attachait, et je ne pouvais songer à ma retraite, à ce *Vallon-Vert*, sans sentir mes yeux s'humecter de larmes, et sans répéter les paroles du poète:

O rus, quandò ego te aspiciam?....

HOR.

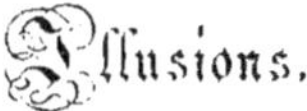

CHAPITRE XVII.

—

Illusions.

> J'ai regardé tout ce qui
> se faisait sous le soleil;
> et voilà, tout est vanité
> et tourment d'esprit.
>
> *(L'Ecclésiaste.)*

QUE d'illusions dans la vie ! Comme l'enfant est riche d'espérances et ardent de désirs qu'il croit pouvoir satisfaire! Quand je serai grand, dit-il, je ferai cela; et puis les années viennent, et

la dure nécessité le pousse vers un objet opposé.
Je ne parle pas ici pour ces êtres vulgaires que
la réalité rassasie, et qui sont même au dessous de
la réalité ; je parle pour ces ames plus grandes qui
buvant à la coupe de la vie, trouvent au fond la lie
et le fiel. *Illusion !* ce mot devrait être gravé partout, sur la porte de nos bals et sur celle de nos
salles de festin, au fronton de nos théâtres et peut-
être à celui de nos temples (*)! La jeunesse, cette
jeunesse qui semble éternelle, passe, et les rides
viennent saisir notre peau, et le cheveu blanc,
ce visiteur incommode, se mêle furtivement à
notre chevelure. La santé est entrecoupée par de
violentes maladies, par de longues infirmités ; la
douleur nous saisit au moment où nous y pensons
le moins, elle nous force à faire un retour sur nous-
mêmes, et à analyser tout ce qu'il y a de sens
dans ce mot : *mal.* Vanité de la fortune, qui donnant plus de latitude aux désirs, en laisse un plus
grand nombre de non satisfaits, qui nous procure
des plaisirs vulgaires, qui laisse le cœur vide
et ne met pas à l'abri de la douleur ! L'homme

(*) Ce chapitre est censé écrit dans un accès d'humeur noire et
de scepticisme ; on ferait mal de prendre à la lettre tout ce qui
y est dit.

est fier de sa beauté, et le jour arrive où quelqu'un lui dit à l'oreille : Comme tu vieillis! Heureux encore si ce n'est pas la voix d'une amie qui lui profère ces paroles tristes : comme tu vieillis!

Oh! oui, il faut s'étourdir. Jetons-nous dans l'orgie. Que nos esprits exaltés nous enlèvent à ce monde, et jouissons d'une douce ivresse jusqu'à demain! — Demain.... car bientôt les fantômes, joyeux produit des coupes de cristal, disparaîtront, et vous serez plongé dans un sommeil stupide, et le corps saura bien, avec sa tenace mémoire, vous faire expier ce bonheur d'un instant.

— Mais laissez donc!... tout est beau dans la vie! (Que ces vieillards sont sots et bêtes!) Que ma main caresse la crinière flottante d'un cheval, que mes pieds éperonnés pressent ses flancs, et que j'aille à travers les champs, vite comme l'air. Que je dépasse dans ma course toutes ces voitures immobiles! Que je jette la poussière à la face de ces obscurs piétons! Que je respire l'air, le vent, le soleil, et que je coure à travers la campagne comme un oiseau de proie! Que mon corps s'agite, s'agite, et que tout entier aux mouvemens du coursier, il ne soit qu'un avec lui!

Allons au bal, courons les bals! Que je voie de

mes yeux ces femmes si belles le jour, quoique
non parées! Que je les voie quand elles ressem-
blent à des reines, avec leurs couronnes de fleurs
sur la tête, leurs plumes, leurs diamans, leurs
colliers d'or! Depuis six mois la tête me tourne,
je ne rêve qu'à elles : j'aperçois toujours dans mes
songes, des sylphes ou des fées, de nobles et fiè-
res châtelaines, ou de ces belles Orientales, de ces
Circassiennes si gracieusement faites, si bien tour-
nées qu'on les dirait échappées des jardins de
l'Eden. Ah! vous m'ôtez le sommeil, vous me pour-
suivez toute la nuit; le jour vous me faites lan-
guir! Il faudra bien que ma main vous saisisse! Il
faudra bien que j'entende le frôlement du satin et
de la soie, que je touche ces doigts veloutés,
que j'aspire cette haleine parfumée et douce qui
s'exhale du corps des femmes; et puis, dans l'i-
vresse de la valse, que je saisisse à deux mains ce
corsage défendu, et que ma tête délirante tourne
avec mon corps!

—Ou bien, si le jeune homme n'a plus cet amour
ardent pour les femmes, cette adoration de tout
ce qui porte robe, et que son cœur purifié se repose dans la contemplation et l'amour d'un seul
être, d'un diamant qu'il a découvert, s'il est pris

d'amour pour une femme, quelle source de sentimens doux, tendres et délicats! C'est que, voyez-
vous, la femme qu'il aime est celle que son imagination a rêvée; elle a l'auréole surhumaine; c'est
un type de beauté, de grace et de vertu. Comme
son nom est doux à prononcer! Comme elle se
balance naturelle à la promenade! Quel parfum de
grace sort de son corps! S'il l'osait, il se mettrait
à deux genoux pour baiser la trace de ses pieds,
ses pieds si mignons! Comme son œil est fendu
et entouré de cils! comme sa conversation est
agréable! C'est le miel qui découle de ses lèvres,
ou l'aiguillon qui pique et qui pousse! Comme
ses idées sont pures! on dirait un ange descendu
du ciel pour consoler. Mais cette image, il la voit
toujours; elle est sans cesse présente à ses yeux; il la
voit le jour, il la voit la nuit; toute sa pensée, c'est
elle, c'est elle. Serait-ce là ce qu'on nomme de l'a-
mour?.... Voudrait-il devenir l'esclave d'une femme
et courber devant elle son front si fier? Oh! non : il
l'aime, mais sans l'aimer. Cette parole, qu'elle a dite
en le quittant, est pourtant vraie. Comme sa bouche
est fraîche! Il soupire après sa vue, comme un
marinier qui depuis long-temps ne voit autour
de lui que ciel et mer, soupire après le port. Quand

il s'éloigne d'elle, il erre comme le cerf que la flèche du chasseur a percé, qui court emportant avec lui le trait fatal, ce trait qui ne cesse d'élargir sa plaie. Il ne peut penser qu'à elle. Elle est belle cependant; c'est un ange céleste; les houris du prophète, ces femmes purifiées, ne sont pas revêtues de plus de beauté. S'il obtenait d'elle un seul regard, un seul sourire, comme il serait heureux!

Puis, quelques mois après, lorsque le temps, qui emporte tout, aura tranché le fil de cet amour, il dira : Pourquoi se borner à une femme? N'y a-t-il pas d'autres fleurs sous la voûte du ciel? A-t-elle pu me rassasier, moi qui suis infini dans mes désirs? Que signifient tous ces ménagemens et tous ces raffinemens spiritualistes? Au diable Platon et l'amour platonique! Je veux aimer, mais d'un amour de chair; je veux saisir tous ces voiles, les mettre en pièces et voir de ma vue ces mystères de fraîcheur, de grace et de beauté. Alors. . . . .

Et peut-être en viendra-t-il, comme *Don Juan*, à désirer (souhait tendre et fantasque!) :

That womankind had but one rosy mouth
To kiss them all at once from north to south.

Don Juan, chant vi, str. 27.

Illusion, illusion! voilà ce que je voudrais crier avec une voix de fer à tous ces jeunes hommes qui se laissent aller à ces choses, et qui courent haletans après ces prétendus *plaisirs*. La femme que vous aimiez naguère, l'idole de votre cœur, ne l'avez-vous pas brisée ou laissée sur son piédestal, solitaire? Votre pied est-il sorti plus léger de ces repaires du vice? La soif de votre cœur, cette soif qui vous dévore n'est-elle pas aussi ardente aujourd'hui que hier? L'être que vous aimiez, si vous le revoyez après de longues années, ne le trouverez-vous pas changé? Peut-être même penserez-vous que vous aviez grand tort d'en faire un type de perfection. Oh! comme tout cela laisse vide, comme tout cela passe, comme tout cela rassasie peu!

Ces deux mots, *illusion* et *vanité*, ne devraient sortir que de lèvres flétries et d'une bouche ridée. Oh! oui, plongez-vous dans la chair jusqu'au cou, que vos cinq sens la savourent, que vos oreilles se délectent à la musique frétillante de l'ivresse, que votre palais s'humecte des vins les plus exquis du globe, ou des mets les plus fameux des artistes culinaires. Laissez errer vos regards sur le ciel, sur les campagnes verdoyantes, sur la mer, sur les ouvrages des hommes et sur la femme ouvrage de Dieu ; respirez les parfums les plus exquis de l'Orient ; que votre corps en entier jouisse dans son tact ; imaginez, inventez, perfectionnez, raffinez : tout cela, quel qu'il soit, prend sa fin, tout cela laisse des intervalles, et l'on demeure face à face avec sa propre misère, seul avec sa douleur...

— Mais n'y a-t-il pas autre chose dans le monde? Jeune homme, ce dont vous parlez ici m'affecte peu. J'ai une ame grande, un esprit cultivé, et je puis aspirer à d'autres jouissances qu'à celles des sens. N'ai-je pas devant moi le champ toujours ouvert de la science? N'ai-je pas les plaisirs de l'esprit? Et mon cœur, dégagé de cette boue que vous venez de remuer, se complaît en des sentimens purs, délicats et qui ont quelque chose du ciel.

— Oui, livrez-vous à la science! Soulevez d'une main ferme ce sol endurci ; mais rappelez-vous que vous êtes dans un labyrinthe immense, et que vous courez risque de vous perdre. Il n'y a pas de travail sans douleur : depuis Adam jusqu'à nous c'est une loi. Et quand vous aurez acquis votre science, qu'en ferez-vous? — Vous irez chez les hommes? — Fort bien : mais à vos pas seront attachées l'envie, la jalousie, la haine et la calomnie.

— Vous resterez seul? — Mais tandis que votre raison, semblable à ces belles machines qu'ont inventées les modernes, fonctionnera admirablement, votre cœur sera sec, votre imagination chargée de chaines. En vain vous parcourrez d'un bout à l'autre le cercle des sciences, vous ne serez jamais satisfait. Toujours ce que vous ne saurez pas, ce presque infini, viendra vous ôter la joie de ce que vous savez. Puis, si vous croyiez y rencontrer ce que votre ame cherche, grande est votre erreur. Des paroles de science ne sont pas des paroles de vie, et ce n'est pas là qu'est ce verbe par qui tout a été créé.

Lancez votre imagination dans l'espace, parcourez cet infini : mettez-y l'Orient avec sa terre parfumée, ses palais, ses mosquées, ses pagodes, ses monumens grandioses, ses femmes plus belles qu'un rayon de l'aurore, ses riches habits, ses pompeuses cérémonies, sa vie facile ; ressuscitez les contes enivrans des *Mille et une Nuits*, et promenez-vous avec Haroun-al-Raschid dans la ville diamantée des califes, dans Bagdad.

Allez en Amérique et portez vos regards sur ses mines d'or et d'argent, sur ses productions si variées. Allez plus loin, et dédaignant du pied notre globe, franchissez l'espace, élancez-vous vers le monde surnaturel. Peuplez-le de fantômes, de sylphes, de génies, d'anges; contemplez les idées éternelles, jetez-vous dans l'avenir ou dans le passé; réfléchissez à ce que vous étiez avant cette vie, de quelle nation, de quel peuple, et à ce que vous serez après celle-ci, quel vêtement nouveau ira prendre votre ame. Plongez-vous dans les joies ravissantes du mysticisme. Ayez des songes, des avertissemens, de longs colloques avec les esprits, ou même des communications directes avec l'absolu. Descendez dans les abîmes de la mer et voyez-y un monde tout nouveau, des forêts, des montagnes, des vallées, des villes, des hommes qui vivent dans l'eau, comme nous vivons dans l'air. Imaginez, dans quelque partie inconnue du grand Océan, une de ces îles où tout est miel et lait, telles que les rêvait le bon Fénélon. Faites une utopie ou saisissez-vous de l'utopie d'un autre; quelque chose qui doit régénérer le genre humain : les hommes unis comme des frères, plus de guerre, une richesse abondante, le bonheur partout, la joie, des concerts, des chœurs de danse, etc. Faites votre rêve aussi beau que possible, dorez-le bien.

Levez-vous, montez à une de ces planètes qui

brillent dans l'espace, ces planètes guidées par un
ange; faites-les rouler harmonieuses dans les
cieux, et rendre des sons comme les touches d'un
clavier. Placez-y des êtres grands ou petits, meilleurs que nous. Croyez que là quelque part est un
séjour de délices, un Eden, un paradis; que
l'homme, à mesure qu'il se perfectionne, va s'y
rendre, pour habiter avec des êtres plus parfaits.

Ou bien, rasez votre tête et entrez dans un cloî-
tre (dans les pays où il y a des cloîtres). Couvrez
votre poitrine d'un cilice, et vos épaules d'une
robe de bure; priez, jeunez, souffrez, creusez chaque jour votre tombe, et saluez tout venant par
ces paroles gaies : Frère, il faut mourir. Vivez de
racines; que votre peau desséchée se colle à vos
os, devenez squelette; et quand vous aurez rêvé
toute votre vie un ciel infini, que vous aurez mis
de côté toute joie, — vous mourrez, vous mourrez!
Et peut-être un sourire infernal saluera votre tombe,
et je ne sais quel génie viendra vous souffler à
l'oreille cette parole sinistre : il n'y a pas de Dieu!

Illusion, illusion, tout est illusion !

L'homme qui se nourrit des choses sublimes,
qui vit dans l'espace et qui boit l'ambroisie de
l'esprit, se verra moqué, insulté par les plus viles

gens qui soient sur la terre; il passera peut-être pour fou ou tout au moins pour imbécile.

La philosophie est la science des choses divines et humaines. Foin de la philosophie! je la donnerais tout entière pour une pipe de tabac!

> *Juan, who cared not a tobacco-stopper*
> *About philosophy, pursued his jaunt*
> *To Germany. . . . .*
>
> Don Juan, chant x, str. 60.

Le champ de l'esprit est comme la mer. Vous courez, vous volez, vous passez le long de rivages inconnus, le vent vous pousse; mais l'équipage est inquiet, il se révolte, jette à l'eau capitaine et pilote, et le voilà qui mettant toutes voiles, se laisse aller avec complaisance, avec orgueil, aller — il ne sait où.

Illusion, grande illusion! car arrive la tempête, le navire est brisé, et l'équipage descend dans les profondeurs de la mort....

—————— A quelle époque les hommes se sont-ils plus livrés aux folies de l'esprit que dans le *moyen-âge?* Ce fut là vraiment le règne des choses spirituelles. Voyez plutôt : l'astrologie ou la science des astres par rapport à l'homme, l'alchimie ou la chimie spiritualiste, les épopées chevaleresques, les fantômes et les revenans, toute la milice satanique, les piéges du démon, les sorcières, les châteaux-forts habités par des esprits, les Bohémiens, les présages; et, d'autre part, l'action incessante de l'Esprit du bien et de ses légions d'anges, les statues de saints debout dans leurs niches, la Vierge sainte avec son enfant.

La vie du moyen-âge, cette vie d'une époque écoulée, cette vie du monde spirituel dans le monde sensible, fut certainement une vie d'esprit.

Eh bien, tout cela est passé! Le temps a fait un tour de roue, et ces idées sont bien loin de celles de nos jours. Qui de nous maintenant ouvrirait ses veines pour signer un pacte avec le diable, un pacte tel que le souscrivaient certains de ces hommes du moyen-âge, pour avoir le droit de pénétrer dans les secrets du ciel comme astrologues, de descendre dans les entrailles de la terre comme alchimistes, ou de prendre le bonnet et la baguette de magicien? Il faut convenir qu'avec la foi au christianisme, c'était un héroïque dévouement que celui de ces gens qui vendaient ainsi leur ame et leur corps pour quelque peu de science, que le diable, trompeur de sa nature, leur promettait en retour.

— Vanité de l'ambition humaine!... Et voici
comment je le sais. Je me trouvais naguère sur les
hautes montagnes des Cévennes, avec des personnes aimantes et hospitalières. Là j'eus une rencontre tout-à-fait imprévue. Un jour je vois arriver un
homme à cheval; c'était un prêtre : il était enveloppé
d'un large manteau et tenait une cravache à la main.
Il salua les personnes avec qui j'étais, et descendit.
Il y avait quelque chose de fier dans sa physionomie. Cette fierté me surprit, elle me plut. Assis
avec lui devant le foyer, sous le large manteau d'une
antique cheminée, je l'examinai avec attention et
appelai à mon aide toute ma science de physiogno-
monie. Décidément, me disais-je, voici un homme
peu ordinaire : voyez ses yeux, comme ils tournent
et brillent dans leur orbite; regardez comme ses
nerfs se crispent; et ces gestes, et son front, comme
il est large et haut. Bientôt j'entendis sa parole
rapide et forte ; ses expressions me décelèrent
un homme poli par la science. Ce prêtre était
naguère à Paris. Il se mit à nous raconter sa position brillante, ses succès oratoires au milieu
d'assemblées choisies; il nous disait de quel ministre il était l'ami, dans quelle maison puissante
il était reçu, et comme tout lui souriait, comme la

fortune lui était prospère, combien il était envié;
et ses espérances, elles étaient très grandes..... Un
jour vint, un événement imprévu, un rien, et tout
cet édifice s'écroula. « Une mine cachée à tous les
yeux, » dit-il, « éclata avec fracas : elle m'a jeté
jusqu'ici. »

Ce prêtre, qui, il y a deux ans, avait à peu près
la certitude de voir son front décoré de la mitre
épiscopale, se trouve maintenant pasteur et curé
dans un petit hameau dont la population, y compris le terroir, n'excède pas trois cents ames. Je le
plaignais; ma figure l'exprimait peut-être : il s'en
aperçut, et ses yeux s'attachant sur moi, il me
tint collé sur ma chaise, et il me raconta, et il me
fallut entendre son désespoir, ses attaques de nerfs,
sa raison presque égarée, ses insomnies; il versa
tout le fiel qu'excitaient en lui des calomnies non
méritées; il me parla, avec une lèvre plissée, de cet
auditoire de trois cents laboureurs qui avait succédé à l'assemblée des premiers savans de l'université de Paris.

Et le soir, à table, me trouvant, je ne sais comment, à côté de lui, il me porta un *toast*, et moi,
insouciant, je lui présentai mon verre : — il bu-
vait à la santé de mes illusions! J'en fus atterré. —

Je voulais lui crier : *Vous buvez à la santé des morts.*
Mais il me fut impossible de desserrer les dents,
ma langue resta collée à mon palais : on eût dit
que ce prêtre m'avait jeté un sort.

Depuis lors, sa figure m'est souvent revenue : je
le vois encore, avec ses yeux ardens, son port
fier et majestueux, sa parole facile. Cet homme me
prit pour déposer en moi ses douleurs, et il ne me
lâcha pas, qu'il ne m'eût dit tout ce qu'il avait à
dire. Pour moi, instrument passif, j'étais là comme
une pierre ou comme une statue de marbre.

— Vanité de l'amitié!.... Lorsque une longue
habitude vous a uni à un homme, que vous avez
observé en lui quelque chose qui sympathisait avec
vous; lorsque vous avez cru voir que vos goûts
étaient ses goûts, que vos idées étaient ses idées,
quand vous avez versé dans son ame vos douleurs
et vos joies, quand vous ne pouvez plus vous passer
de lui et qu'il est devenu un complément nécessaire
de votre existence, il survient un je ne sais quoi,
un rien; et cette union, qui devait durer des siècles, est brisée; cette amitié éternelle s'enfuit sur
l'aile des vents, et vous vous trouvez seul, tout
seul avec l'amertume et le dégoût.

TOUT EST DONC ILLUSION!

Le christianisme, qui avait été la joie de ma jeunesse et qui m'avait rassasié pendant quelque temps, n'a pas eu la force de me défendre du scepticisme; il m'a laissé en proie aux angoisses du doute et du désespoir.

Le scepticisme lui-même s'est enfui, pour faire place aux doctrines saint-simoniennes.

Et cette nouvelle illusion, qui m'avait rendu la vie, qui avait triplé mes facultés, qui me comblait de bonheur, s'est elle-même envolée, comme les songes qui nous visitent dans le sommeil et que l'aurore vient dissiper.

Toutes ces choses sont passées, ainsi que l'eau d'un fleuve qui s'écoule....

Tout a donc fui; et maintenant je suis seul, seul à me débattre avec ce mot fatal : *illusion*.

Y a-t-il quelque chose qui mérite le nom de beau dans le monde? — Vous trouverez la laideur chez l'homme, vous la trouverez dans la société, vous la trouverez aussi dans la nature; partout vous rencontrerez de ces choses qui vous feront frémir.

Où existe le bien? — Sera-ce chez l'homme, lui jaloux, faux, intéressé, plein d'orgueil? — Sera-ce dans la société, cette société espèce de *Babel* où tout est désunion, haine et discorde?

Y a-t-il quelque chose d'incontestablement vrai?
— Oh si vous en connaissez une seule, faites-moi
le plaisir de me la dire ; si vous connaissez une
seule idée parmi toutes les idées, sur laquelle on
ne puisse pas contester, de grace, ne me la cachez
point ! Quelle est la proposition sur laquelle il n'y
ait le *pour* et le *contre?* — Des milliers de volumes
sont écrits *pour*, des milliers de volumes sont écrits
contre; vous me citez l'autorité de tel homme, je
vous opposerai l'autorité de cent autres. Les bibliothèques sont un arsenal où chacun peut aller
prendre des armes... Et cependant, où est la certitude, où est le vrai ?

Lorsque ces idées de beau, de bien, de vrai,
chancellent sur leur base, vous pouvez dire que
l'homme ne sait plus où il en est. Il voit toute chose
sous sa face mauvaise, il commence à haïr, puis
bientôt il blasphème et maudit. — Pourquoi suis-
je né dans ce monde, et quelle fatalité aveugle m'y
a placé pour m'y tourmenter? Tout ce que je touche se change en fiel ; tout est mauvais, tout est
vain. Il n'y a qu'une seule chose de réelle dans la
vie ; hélas ! c'est *la douleur.* Elle nous prend au berceau et nous enlace comme le lierre serre le tronc
du chêne ; douleur physique presque incessante,

douleur morale plus aiguë, plus tenace, plus profonde, à tel point qu'on pourrait définir notre
triste vie : une douleur continue.

Quand l'homme arrive à cette funeste conclusion, la vie lui devient amère et insupportable,
la tristesse ne le quitte plus. Semblable à ce Petit-
Vieux de la mer dont il est parlé dans les *Contes
arabes*, lequel enlaçait ses jambes autour du cou
de *Sinbad* le matelot et ne le quittait jamais, ainsi
la Tristesse monte sur lui, se place sur ses épaules
et l'étreint de ses griffes poignantes. Il aura beau
errer çà et là, dans les villes et dans les campagnes,
au haut des collines ou sur les bords des mers,
toujours il portera avec lui cet impitoyable *génie*
qui lui serrera le gosier et ne lui donnera relâche
ni le jour ni la nuit.

Alors comme on est tenté de maudire la vie, de
maudire les hommes ! Comme on est tenté de leur
jeter à pleines mains l'ironie, et de salir tout ce
qu'ils croient beau ! Alors on prend le *Don Juan* de
Byron et on le lit volontiers ; c'est là une parole
qui part du cœur. Oh ! oui, rendons aux hommes
ce qu'ils nous font, ces nains qui s'enorgueillis-
sent de leurs vices, et dont la vue me donne le
cauchemar. Si je pouvais les traiter comme ils le

méritent!—Soyez maudits, race de Caïn, légion de damnés, villes pires que Sodome, femmes perfides, amis infidèles, tourbe sale et infectée d'ulcères, canaille habillée, science vide et trompeuse comme les fruits des bords du Jourdain! Soyez maudites, vous aussi illusions quelles que vous soyez! Il me semble qu'autour de moi je vois se mouvoir une cohorte infernale. Barbotez dans vos cités de fange, passez-vous l'encensoir sous le nez, enseignez aux autres ce que vous ne croyez pas vous-même, trompez, dissimulez, calomniez. —On parle de l'enfer, mais que peut-il y avoir de pis que ce monde-ci?

—— Combien de fois ai-je pris *l'Ecclésiaste*, ce livre divin, et l'ai-je lu d'un bout à l'autre! C'est un roi qui l'a écrit, un roi puissant qui bâtissait des palais et des temples, qui équipait des flottes, qui avait reçu de Dieu la sagesse, et qui tenait enfermées dans ses royales demeures un millier de femmes. Ce roi était encore guerrier, et il soumit plusieurs peuples à son sceptre. Lisez son règne, comme il est beau! Eh bien! voici ce qu'il pense de toutes ces choses, et ce que la jouissance de ces mots puissance, gloire, richesses, amour, sagesse, a laissé en son cœur : *Vanité des vanités, tout est vanité.* (Eccl.)

Comme il énumère une à une toutes les illusions humaines! Comme il passe une teinte noire sur tous ces songes dorés! Il brise avec un imperturbable sang-froid le prisme des illusions; et lui qui avait été si fortuné, lui que tous les hommes appelleraient heureux, il proclame que ce bonheur n'en est pas un, que ce bonheur n'est que vanité!—Les douleurs de la vie sont de vraies douleurs. — Mais il y a plus : sa prétendue félicité (et qui dans le monde peut se dire plus heureux que ce monarque oriental?) est elle-même une fausse joie, une vanité.

Il analyse avec soin toutes les positions, toutes les jouissances de la vie, et jette sur chacune d'elles l'anathème. Hélas! cette lecture laisse dans une profonde tristesse : on sent plus fortement encore le vide de la vie, et l'on est tenté presque de maudire cet Ecclésiaste qui, avec son impassible science, vient élargir nos plaies, vient accroître nos douleurs.

Alors vous avez beau saisir votre corps et vouloir le secouer; c'est une masse immobile, froide et qui se refuse à tout. Que voulez-vous?—N'a-t-il pas goûté de toutes les jouissances possibles? Qu'allez-vous lui présenter qu'il n'ait pas senti? Il est usé, fatigué, blasé. Ces choses que vous lui

offrez, il les connaît tout comme vous, mieux
que vous; peut-être en connaît-il de plus belles.
Irez-vous tenter de donner un but à ses facultés?
Mais qu'y a-t-il dans le domaine de la pensée,
qu'il n'ait contemplé, approfondi, et qui pour lui
ne soit flétri d'un souffle impur? Cette ame s'est
prise à tout, et tout s'est dérobé à elle. Hélas! qu'est-
ce qu'un pareil être? Qu'est-ce qu'un homme qui
ne croit plus à l'amour ni à l'amitié, qui se moque
des frivoles occupations humaines, qui ne voit
que contradictions dans les idées religieuses, qui
ne croit ni à la philosophie ni à la science, qui
trouve le dégoût partout? — La vie ne circule plus
en lui : c'est un cadavre, oui, un cadavre! Il aura
beau se vêtir, se parer, se promener dans les rues
ou assister aux spectacles; c'est un cadavre, ne
le voyez-vous pas? Regardez cette figure froide et
endolorie, ces yeux ternes et que rien n'émeut;
voyez ces longues rides autour des yeux et sur
le front, examinez toute sa démarche : cet homme
est un cadavre! Il ne lui reste plus qu'à jeter bas ce
peu de chair qui le fait encore ressembler à un
homme, et à se délivrer d'une vie toute triste, toute
fatigante, tout ennuyée.

Petit-Vieux de la mer, je t'ôterai bien de dessus

mes épaules! cela ne dépend que de moi. Génie mauvais qui me persécutes en ce monde, sois-tu maudit! Je puis t'échapper : j'ai encore une ressource terrible, et la faculté de choisir le genre de mort qui me sourira le plus. Que les autres aillent pourrir vulgairement dans leurs cimetières, ces infects charniers; pour moi, je puis, si je veux, me plonger dans les eaux de la mer. J'aime encore mieux avoir pour tombe l'immensité des eaux et me sentir balancer par les vagues. — Et après? — Oh! après, que m'importe? Mon corps sera la pâture des poissons. — Et mon ame? — Mon ame, si tant est qu'il y en ait une, ira il ne m'importe où. — Peut-il y avoir un enfer pire que ce monde-ci?

❇

CHAPITRE XVIII.

—

Retour au Christianisme.

De profundis clamavi ad te , Domine.

Du fond de l'abîme j'ai crié vers
vous, Seigneur.

Psaumes.

Cependant des idées si lugubres n'étaient
pas permanentes en moi; peut-être
même serait-il impossible à l'homme d'y résister.
Après une de ces sorties bilieuses contre tout ce

qui est, je prenais l'Evangile, et lisais avec une inconnue sérénité la mystérieuse naissance d'un sauveur, les paroles divines qui sortent de sa bouche et le discours sur la montagne. Je parcourais les épîtres de saint Paul; ou bien, si mon cœur était disposé au grand, j'ouvrais quelqu'un de ces poèmes inspirés de l'ancienne loi, et je m'abandonnais au vol de ces aigles de feu, d'Isaïe, de David, de Jérémie ou de Daniel. Lorsque je lisais l'Evangile, je faisais taire absolument toute raison, tout souvenir, et je me laissais impressionner par ses paroles à la fois graves et douces, empreintes de douleur et d'aspiration au ciel; j'ouvrais les plis de mon cœur et m'imbibais de ce lait divin. Alors j'étais chrétien, et seulement chrétien.

Quand je méditais l'ancien Testament, le Lévitique ou quelques-uns de ces prophètes que je viens de nommer, épris avec eux d'une flamme divine, j'admirais leur grandiose; et courbant mon intelligence devant la leur, l'avouerai-je, je regrettais presque de n'être pas Israélite : je trouvais involontairement que l'ancien Testament dépassait de beaucoup le nouveau; je découvrais une raison profonde dans ces ordonnances de Moïse, même dans celles qui ne regardent que les usages de la

vie. J'admirais cette unité de Dieu si hautement
placée en dehors de toute idole; je sentais dans
ses paroles quelque chose de majestueux, ainsi
que le tonnerre qui éblouit et qui écrase.

Quelquefois aussi je prenais le Coran, cette œuvre d'un nouveau prophète et si peu connue de
ceux qui en parlent. Je me trouvais alors en Orient;
c'était un parfum de poésie qui venait m'enivrer:
c'étaient le chameau, le palmier, le puits du désert,
le sirocco, les sables, les génies, les astres de la
nuit guidés par des anges et retenus au ciel par
des chaînes d'or; c'étaient les récits de la Bible
embellis encore par une imagination orientale,
et à chaque instant la vie future, la vie qui vient
après celle-ci; et l'Eden avec ses jardins arrosés
par des fleuves et des femmes purifiées; et l'enfer,
le séjour ténébreux destiné aux pervers; enfin, l'action visible du Très-Haut sur les affaires humaines.
Ce qui m'attirait encore à cette lecture, c'est la
manière grande et sublime dont Mahomet parle
de Dieu. Nulle part l'unité de Dieu n'y est plus
dégagée de tout alliage: Dieu est seul et un, il n'a
ni compagnon ni associé; aucune idole, aucune
divinité intermédiaire; Mahomet lui-même n'est
qu'un homme. Et puis, les deux révélations de

Moïse et de Jésus sont acceptées; c'était une partie
de la vérité, l'ange Gabriel a apporté les feuillets
d'une révélation nouvelle. Cependant qu'on n'aille
pas s'imaginer que je fusse Musulman : l'Islamisme
est beau sans doute, il est empreint de poésie :
c'est le caractère inévitable de toute pensée religieuse; la doctrine du Coran est en général pure,
mais c'est une répétition des idées chrétiennes :
un seul Dieu, la dégradation originelle, le jeune,
la prière, l'aumône, la continence même; une vie
future, l'Eden et l'enfer. Ces idées sont des idées
chrétiennes, à tel point qu'aujourd'hui plusieurs
écrivains catholiques ne regardent l'Islamisme que
comme une secte chrétienne, et ils ont parfaitement raison.

S'il faut dire mon sentiment, à ne considérer
même l'Evangile et le Coran que sous leur rapport
humain, je place l'Evangile bien au dessus du
Coran. Il y a dans ce dernier un amalgame de pensées et une incessante répétition des mêmes choses
qui finissent par fatiguer; ce n'est pas non plus
le style simple, clair, quoique profond, du révé-
lateur chrétien.

L'ancien et le nouveau Testament et le Coran,
ces trois livres, bien que dissemblables, étaient

pour moi des amis restés fidèles à ma disgrace. Ils me soulageaient par le baume de leurs paroles, et entretenaient en mon cœur quelque parcelle de ce feu divin qu'on nomme religion.

— Ces trois doctrines sont dissemblables, me dira-t-on, comment pouviez-vous les concilier? — Je pliais mon esprit à celles du livre que je lisais; et d'ailleurs ce qu'il y a d'essentiel, de profond, les idées-mères se trouvent également dans ces trois épopées religieuses : c'est peu les connaître que de s'imaginer d'une manière absolue qu'elles s'excluent mutuellement. L'Evangile accepte l'ancienne loi et l'explique; le Coran accepte l'ancienne loi et la nouvelle et les modifie en son sens. Il est bien un point par lequel elles s'excluent, mais ce qu'elles ont de commun est toujours visible et parait au dessus du reste. Le dogme de l'unité de Dieu, la dégradation originelle, la satisfaction, sont les bases sur lesquelles s'élèvent ces édifices religieux. S'il faut citer un écrivain ecclésiastique, M. de La Mennais, cet auteur a prouvé bien plus : il a démontré par les faits que depuis l'origine des choses jusqu'à nos jours, y compris les mille branches du paganisme, il n'y avait eu, à proprement parler, qu'une seule religion. En effet, partout on retrouve les dogmes fondamentaux : ainsi demeure anéanti le reproche de nouveauté que les anciens faisaient au christianisme, ainsi se prouve l'universalité même du christianisme.

J'arrivais donc à une conclusion peu orthodoxe : savoir, que chacune de ces trois familles religieuses faisait bien de vivre au sein de ses doctrines; ce qui me conduisait naturellement à cette autre, que tout étant dans le christianisme, ceux qui y croient et qui le pratiquent font très bien.

Cette manière de raisonner pourra paraître étrange à quelques personnes; néanmoins, si elles y réfléchissent, elles trouveront que ce mode n'a rien que de naturel. A cette époque mon scepticisme s'était transformé. Ce n'était plus cette raillerie amère, ce dégoût sombre, cette farouche tristesse, cet anathème qu'il jetait sur toutes les choses humaines : c'était un doute calme, mais d'une nouvelle espèce; c'était un doute compréhensif. Il ne niait plus; mais, sans rien rejeter, sans rien nier, il se reposait tour à tour sur des idées contraires, sur des systèmes hétérogènes, et s'y plaisait également. Il lisait lord Byron et les Psaumes, il passait d'une brochure saint-simonienne à l'Evangile, etc.

Ceci est, à proprement parler, le scepticisme du

siècle : il n'est plus moqueur, railleur, insultant comme à l'époque de Voltaire. Il se délecte avec Dante dans la peinture sombre de l'enfer, et prend un autre ouvrage où l'enfer est traité d'anachronisme. Il lit tour à tour un traité de chimie et les *Harmonies* de M. de Lamartine. Notre siècle est semblable à un miroir toujours prêt à recevoir l'image des corps qui s'offrent à lui, et à la refléter ; tantôt laissant voir un enfant avec sa figure innocente et ses cheveux bouclés, tantôt une jeune fille qui se mire, ou bien les traits amaigris d'un malade et la figure ridée d'une vieille femme.

De là est né l'éclectisme : car si les pensées des siècles écoulés et celles du jour ont un côté par lequel elles se repoussent, elles en ont un autre par lequel elles s'attirent. C'est ce quelque chose de commun qu'il s'agit de dégager, pour en tirer le grand inconnu, la vérité, cette voix de tous les siècles. On conçoit que ce travail ne peut être fait avec égalité par toutes les intelligences, par cela seul que chacun prend pour point de départ sa propre raison. Mais lorsqu'on aura posé nettement la question, savoir, adopter et croire ce qu'il y a d'invariable dans les opinions humaines, le reste sera un travail d'autant plus fécond et qui ira d'autant plus loin, que l'homme y apportera plus de soin et plus de science.

A la vérité, par cela seul que l'on examine chaque système, et qu'on s'y repose tour à tour, on doute un peu de tout; l'un dit oui, l'autre dit non : cela semble se détruire. Tel est le côté faible de cette disposition d'esprit, et c'est inévitable. Il est fort bon de tout comprendre, de saisir la raison de tout; par là on devient indulgent et l'on rend justice à chacun. Mais ce n'est pas assez; il faut de cet amalgame, de ce tout, tirer ce qu'il y a de commun, ce qui ne passe pas, et, le bon sens du genre humain une fois connu, soumettre sa raison épurée et fatiguée à ce grand précepteur qui n'a jamais failli.

Au fond, le christianisme est comme le résumé de la sagesse antique; c'est la vérité, mais purifiée de souillures. Tout se retrouve en lui, et en ce sens on peut dire qu'il a tout dit; il peut contenir l'intelligence humaine quelque vaste qu'elle soit.

Généralement parlant, les religions du globe, tant anciennes que modernes, les faits sont là pour le prouver, sont fondées sur ce principe étrange et qui semble répugner à la raison, la déchéance originelle; elles partent de là : c'est

leur base, et le reste n'en est qu'une conséquence. Cette vérité, qui est incontestable et qui
paraîtra telle aux yeux de quiconque s'est un tant
soit peu occupé de ces matières, fut pour moi
un motif puissant de révoquer en doute la solution saint-simonienne, qui rejetait cette base
adoptée par tous les révélateurs du monde. Ce
concert unanime, cette voix éclatante du genre
humain couvrait toute espèce de clameur rationnelle; et, je l'avoue, cette unanimité m'en imposait
autant qu'un axiome.

Tandis que la raison prend ses ébats et se lance
avec une folle audace dans les luttes de la pensée,
le corps, cette inerte matière à laquelle l'esprit est
attaché, nous fait sentir, et souvent avec douleur,
la qualité de notre nature : à cette époque, je fus
saisi d'une maladie peu grave, mais longue.

Les maladies ont cela de bon qu'elles servent
en quelque sorte de retraite. L'homme se sépare
tout-à-coup de ses occupations, de ses distractions,
et le voilà seul, ou presque seul, réfléchissant à
cette étrange loi de sa nature, *la douleur*. Le
monde qui de toutes parts le pressait de ses flots
se retire, et il gémit dans la solitude. La pensée de
la mort, cet événement qu'il était tenté de ranger

au nombre des rêves, se présente à lui comme possible. Tout ce travail continuel de la vie, à quoi vient-il aboutir? A-t-il trouvé dans le monde satisfaction à ses désirs légitimes, au trouble incessant de son cœur? Que de rêves que son imagination avait caressés, et qui se sont enfuis comme une ombre! Que de choses sur lesquelles il comptait, et qui se sont dérobées à lui! Ensuite, dans les quatre murs de sa chambre, borné par un horizon peu riant, il se prend à se considérer lui-même, à retourner vers le passé. Il revoit son enfance, ses premiers ans, sa jeunesse, et il se rappelle les idées ou les occupations de ces périodes de la vie; il jette un sombre regard sur ces belles années tristement écoulées, il s'étonne que son avenir se soit borné au peu qu'il possède. Comme tout cela s'est enfui! Puis, il calcule son âge et se trouve déjà vieux. La douleur physique le ramène à son corps, et il réfléchit de nouveau à cette loi de la nature, *la douleur*. En vérité, il a toujours souffert plus ou moins : douleurs physiques et douleurs morales; l'avenir lui a ôté la jouissance du présent, et l'aiguillon du désir l'a piqué même au sein des plus belles positions du monde. Pourquoi souffre-t-on ainsi, et quel est ce Dieu qui semble se repaître

de nos maux? En fait, la loi qui explique les choses de la vie par la douleur est bien **vraie**; l'homme dans cette vie souffre toujours : c'est une chose
d'expérience, et qu'un malade ne peut mettre en
doute. Le christianisme a donc ses racines dans
la nature de l'homme, il est l'explication vraie et
intime de la vie; et le symbole chrétien, le symbole de la *Croix*, est un mythe éclatant de vérité.

A dater de cette époque, je n'ai plus été Saint-
Simonien.

Si le lecteur a fait attention à la succession des
idées exprimées ici, il aura su comment et par
quelle voie je suis retourné au christianisme : à
part toute influence surhumaine, je puis dire que
c'est au moyen de la solitude et par la lecture des
ouvrages religieux dont j'ai parlé.

Ce n'est pas que je sois partisan des lectures
de la Bible, ni que je pense qu'il faille semer ce
livre partout; à Dieu ne plaise! Il est trop grand
pour la foule, et il serait peu compris. Il faut que
l'ame soit dans une certaine disposition, qu'elle
s'élève au dessus d'appréhensions mesquines et
d'une fausse pudeur; il faut avoir l'oreille orga-
nisée exprès pour entendre ces divins concerts.
Ensuite, on ne peut oublier l'abus que les sectes

chrétiennes ont fait de cette œuvre; chacune d'elles l'interprète à son gré et y voit sa propre justification. Il est d'ailleurs une foule de passages vraiment obscurs ou qui semblent se contredire, et l'on y trouve de ces faits qu'un esprit faible peut qualifier de cruels, même d'atroces.

Toutefois, depuis que j'ai lu cet admirable livre, *la Bible*, depuis que mon esprit s'est reposé sur ces belles pages, depuis que mon ame s'est nourrie de ce nectar divin, combien me paraissent petits, frivoles ou mauvais, les écrits émanés d'une plume humaine! Je suis resté long-temps sans pouvoir ouvrir un autre livre quel qu'il fût, et lorsqu'il m'arrivait d'en prendre un, ce n'était qu'avec un sentiment de dégoût. A part toute inspiration divine, et considérée simplement comme ouvrage humain, la Bible est la plus sublime des épopées : elle s'élève au dessus de tout le reste, comme les monts Hymalaya s'élèvent au dessus du grain de sable qui gît au bord de la mer.

La solitude est une chose bien salutaire à l'homme qui cherche de bonne foi la vérité. Ce n'est pas sans une raison profonde que dans toutes les religions du monde il y a eu et il y a des retraites. On s'isole du contact incessant des idées du jour, pour appliquer son esprit à ce qui ne fléchit pas selon les caprices de l'opinion. Et de fait, la vérité ne peut être relative; elle est absolue. Que serait une vérité circonscrite dans un espace d'années? Que serait une doctrine vraie jusqu'au 31 décembre 1834, et fausse le 1er janvier suivant? Que serait une vérité limitée par une montagne ou par les rives d'un fleuve? Le genre humain tout entier proteste contre cette assertion. Depuis l'origine du monde, la vérité a été plus ou moins obscurcie, plus ou moins putréfiée, mais le fond a toujours été le même, sa nature n'est pas changée. De tous les points du globe monte jour et nuit la prière comme un encens perpétuel, partout sur les autels coule le sang; et l'homme, courbant sa tête, prononce ces paroles que l'on entendait également dans les temples païens : *Kyrie, eleison* (*). Oh! si vous croyez qu'il y ait quelque rapport entre ces mots vérité et relation, je vous renvoie à Platon, cet Hercule des philosophes. Les essences pures sont indivisibles, et l'image de CELUI QUI EST ne change pas.

(*) Arien, écrivain du second siècle, rapporte ce fait : « Nous prions Dieu, dit-il, en nous servant des mots : *Kyrie, eleison.* » — Dissert. Epict.

Il est bon de connaître son siècle et les idées de
son siècle, il est bon d'avoir vécu de sa vie et de
s'être imprégné de sa pensée; mais il faut adopter
librement une opinion. Voulez-vous ressembler
à ces flots de la mer que le vent pousse l'un contre
l'autre sans énergie et sans volonté? Plierez-vous
votre front à la moindre parole de l'idole du jour?
N'avez-vous donc pas une volonté propre et une
tête pour réfléchir? — Les hommes disent maintenant telle chose. — Sans doute : mais avant le
dix-neuvième siècle, l'humanité n'existait-elle pas?
Sortez de ce contact quotidien; isolez-vous, s'il est
possible, et remuant avec respect les âges écoulés,
cherchez-y vous-même la vérité. C'étaient des hommes comme nous, les hommes des anciens jours,
et il y en avait de bien grands! La main sur la
conscience, pouvons-nous dire que nous les éga-
lons? Prenez les poètes, les philosophes, les
savans de l'âge ancien, ceux du moyen-âge et de
l'âge moderne, et cherchez parmi vos philosophes
du jour, parmi vos poètes du jour, parmi vos savans du jour, quelqu'un qui puisse aller de pair
avec eux. Avez-vous donc des Homère, des Aristote, des Platon, ou, ce qui vaut mieux, des prophètes tels que David, Salomon, Isaïe, Daniel?...

Allez dans la retraite, purifiez-vous des pensées du moment; laissez agir votre esprit libre comme l'air, sentez-vous vivre; et spontanément, sans influence contagieuse, dites : Voici ce que je crois être la vérité.

CHAPITRE XIX.

Des doctrines saint-simoniennes en elles-mêmes.

Les personnes qui s'imaginent que la *religion* saint-simonienne n'est qu'un tissu d'absurdités, de contradictions et de niaiseries, sont certainement dans l'erreur. Comment alors expliquer l'adhésion que lui ont donnée tant d'esprits droits, réfléchis, et à certains desquels on ne peut refuser quelque talent? Il ne faut pas supposer qu'un homme qui toute sa vie a raisonné juste, perde tout-à-coup le sens commun et devienne plus faible d'esprit que l'être le plus vulgaire.

C'est qu'en effet il n'est pas de système, quelque absurde qu'il paraisse au premier abord, qui ne soit fondé sur une vérité. On sait ce qu'a dit Bossuet : « L'erreur est une vérité dont on abuse. » Plus récemment un théosophe a dit dans le même sens : « L'erreur est une putréfaction. » Il y a donc dans le fond de l'erreur quelque chose de vrai; c'est une vérité obscurcie. Seulement il se trouve des gens qui sont tellement éblouis de la partie lumineuse, qu'ils n'aperçoivent pas la partie obscure; et voilà comment ils adoptent des opinions qui en elles-mêmes n'en sont pas moins condamnables.

Tâchons donc de découvrir dans le saint-simonisme la partie vraie :

Quelle est-elle? — A peu près la voici :

Les hommes de nos jours ne s'occupent pas de religion, ou s'en moquent, ou la jugent d'une moindre valeur que les affaires de la vie, ou demeurent dans une coupable indifférence de tout ce qui a rapport à Dieu.

La société ne peut exister sans religion ; l'homme ne peut exister sans religion, ou est malheureux sans elle.

Mais, depuis trois siècles, il est de fait que le christianisme, considéré dans ses relations avec la société, s'affaiblit, languit et semble se dissoudre.

Or, la religion est impérissable, car le sentiment religieux a sa racine dans la nature humaine.

Ces choses sont vraies : mais qu'en conclure ?

Voici la partie *hypothétique* :

Le christianisme ne retient plus les hommes dans les liens de ses doctrines ; donc il ne le peut pas, donc il est impuissant : il faut chercher ailleurs cette pensée religieuse qui ne peut périr.

Le mouvement qui a entraîné contre lui les savans, les académies et les peuples, est trop constant et trop universel, pour qu'il n'ait pas une cause vraie ; cette cause, c'est qu'il a laissé en dehors de lui toute une face de la vie.

Pourquoi le christianisme ne serait-il pas simplement une évolution religieuse, comme la loi de Moïse, par exemple ?

Dieu n'est-il pas le maître de révéler aux hommes une plus grande part de vérités ? L'humanité est comme un homme : d'abord faible, puis croissant en forces. Dieu proportionne la nourriture à sa taille, et lui en donne plus à mesure qu'elle grandit.

La découverte du Nouveau-Monde et les sciences physiques sont deux faits immenses que le christianisme n'a pu embrasser. Dans l'antiquité, l'âge du polythéisme fut, à proprement parler, l'âge de la matière. L'évolution chrétienne, toute dans le sens de l'esprit, fut une réaction et un développement en sens contraire : ce fut l'âge du spiritualisme : évolution de *la chair*, évolution de *l'esprit*. L'évolution nouvelle doit donc être à la fois *celle de la chair et celle de l'esprit.*

Tel est, si je ne me trompe, le principe fondamental de tout le saint-simonisme.

Une révélation nouvelle est-elle possible? sans doute : les hommes les plus avancés du catholicisme l'ont bien senti (*). Quels seront les caractères de cette révélation? Ils varient selon les temps.

Mais mon intention n'est pas d'entrer dans un examen détaillé des doctrines saint-simoniennes.

____

(*) *Voy.* M. de Maistre, *Soirées de Saint-Pétersbourg*, tom. II, p. 275 et suiv.; et M. de Lamartine, *Harmonies poétiques et religieuses.* Cantique à l'Esprit-Saint.

Il m'a suffi de donner en quelques mots, et à peu près, la marche que suit le raisonnement de celui qui entre dans cette nouvelle carrière. Je ferai seulement une remarque essentielle, c'est que les Saint-Simoniens ne considèrent le christianisme que dans ses rapports avec la société.

On s'étonnera peut-être que je pose comme principe-mère de tout le système saint-simonien, la doctrine de la réhabilitation de la chair. Peut-être même que certaines personnes qui partagent plusieurs de ces idées s'en étonneront elles-mêmes; mais si l'on prend la peine d'y réfléchir et d'examiner la base de l'édifice, on reconnaîtra qu'il se fonde tout entier sur ce principe : que la chair et l'esprit sont les deux faces de la vie, que la religion doit les embrasser également, et que par conséquent on doit à la fois les aimer et les pratiquer.

Les conséquences que récemment M. Enfantin en a tirées en morale sont le fruit d'une logique inflexible, mais juste; elles peuvent servir à faire apercevoir la maxime dans toute sa nudité.

Il est très vrai, et c'est un objet dont on doute moins à mesure qu'on avance dans les connaissances humaines, qu'il n'y a que ces deux choses dans la vie intellectuelle : la matière et l'esprit. Tout le cercle encyclopédique est là. On peut ramener à l'un de ces termes un système quelconque, quelque éloigné qu'il en paraisse d'abord.

L'apôtre S. Paul paraît reconnaître cette vérité : *Caro enim concupiscit adversùs spiritum ; spiritus autem adversùs carnem : hæc enim sibi invicem adversantur* (*).

Mais de quelle manière doivent vivre ensemble ces deux principes opposés et qui luttent sans cesse dans la société et dans l'homme? Faut-il soumettre la chair à l'esprit? Faut-il les faire marcher de front? Cette dernière proposition peut conduire à cette autre: Faut-il soumettre l'esprit à la chair?

Je suis loin de dire que les Saint-Simoniens soient jamais allés jusque là; mais, pour donner plus de développement à la partie matérielle de notre être, ils ont effacé d'un trait toute la vie spirituelle.

En changeant la destination de l'homme et ne lui donnant pour but que des objets terrestres, on supprime nécessairement le monde spirituel ; la vie future promise par le christianisme n'est

____

(*) Ep. ad G. c. v.

plus censée exister : car là où il n'y a pas de personnalité pour l'homme, il n'y a pas réellement de vie future.

Développer la chair aux dépens de l'esprit, c'est changer l'infini pour le fini. Or, l'homme ne peut être rassasié que par l'infini. Il a un désir infini de connaitre, un désir infini d'aimer ; toutes choses qui ne sont jamais remplies sur cette terre. Quel est celui, quelque savant qu'il soit d'ailleurs, dont l'esprit est content de ce qu'il sait ? Quel est celui dont le cœur est rassasié par la possession d'une chose qu'il avait ardemment désirée ? A mesure qu'on avance dans la vie, on ne le sent que trop, tout laisse le cœur vide ; on aspire toujours après l'inconnu, après cet infini qui peut seul satisfaire la partie intelligente et aimante de notre être.

Le saint-simonisme, ne présentant à l'action de l'homme que notre globe pour théâtre, ne lui donnant pour assouvir ses désirs que des choses finies et passagères, est donc impuissant à le satisfaire, est impuissant à le rendre heureux : l'homme n'est plein, n'est rassasié, n'est heureux que par l'espérance et par la possession de l'infini.

Lorsque l'on examine le christianisme sous le point de vue social, c'est-à-dire l'état du christianisme dans nos sociétés modernes, on ne peut nier qu'il ne soit peu florissant. A moins d'être aveugle, il est impossible de ne pas convenir du fait. Mais est-il juste, est-il rationnel de considérer les choses dans leur rapport avec la société? Ne faut-il pas plutôt les considérer en elles-mêmes? Ne doit-on pas quitter le relatif pour méditer sur l'absolu? Le christianisme doit être examiné en lui-même; et s'il est certain qu'il connaisse parfaitement la nature de l'homme, qu'il donne l'explication juste de la vie, qu'il lui présente le seul but capable de le satisfaire; en d'autres termes, qu'il soit vrai; qu'importe son état plus ou moins prospère dans le moment présent? qu'importe son degré dans l'échelle du thermomètre social? Le soleil est-il moins soleil lorsque quelques nuages en dérobent momentanément l'éclat?

Ce n'est pas la première fois que le christianisme a semblé ainsi s'affaisser : pareille chose avait déjà pu s'observer dans l'histoire; mais il s'est relevé au moment où l'on s'y attendait le moins. Ainsi que l'a dit un écrivain distingué (*), *la résurrection est fille de la mort.*

____

(*) M. Ballanche, *Vision d'Hébal.*

Les richesses introduites dans l'ancien monde
par l'exploitation des deux Indes, le développement des sciences physiques, ont moins servi à
dégager les esprits des liens du christianisme que
ne l'a fait la philosophie expérimentale ou rationnelle.

L'amour des richesses et le goût des jouissances
physiques ne sont qu'une conséquence de l'affai-
blissement de la foi. La foi ne s'est affaiblie que par
la lutte de la raison contre l'autorité. La Réforme
n'est pas autre chose qu'une protestation contre
la foi complète; et cette lutte de la raison et de la
foi est elle-même une face de ce combat incessant
qui, depuis l'origine des choses et en particulier
depuis la révélation chrétienne, s'est toujours livré
dans le monde.

Le principe rationnel est maintenant descendu
dans l'essence de nos sociétés modernes; on en
goûte les fruits en tout et partout; la societé en est
imprégnée, imbibée.

Les jouissances physiques sont généralement
recherchées et forment presque l'unique ambition.

On peut donc dire que la société se sature de
plus en plus de raison et de matière.

Or, il suffit de goûter pleinement d'une chose

pour sentir tout ce qu'elle est ; si l'on en connaît le bien, on en connaît aussi le mal.

Souvent la matière dégrade, souvent la raison conduit au scepticisme.

D'où l'on peut conclure que de plus en plus la société sentira le vide de ce qu'elle possède et de ce qui fascine aujourd'hui les yeux d'un grand nombre.

Et comme tout va par action et par réaction, même dans le monde moral, le temps n'est pas loin où l'on se jettera avec ardeur dans des doctrines toutes contraires, et où les plus hautes intelligences se feront gloire de proclamer la faiblesse de la raison.

En supposant qu'une révélation nouvelle fût possible, elle serait inutile : tout est dans le christianisme, et le christianisme a tout dit ; c'est une encyclopédie : tout part de là et tout y revient ; c'est comme un brillant faisceau de vérités universelles.

En effet, c'est bien peu connaître le christianisme que de dire qu'il a laissé en dehors de lui toute une face de la vie ; il suffit de consulter l'histoire, surtout celle des papes et en particulier le siècle de Léon x. Qui a donné un asile aux beaux-arts et à la science? Qui les a encouragés, qui les a réchauffés dans son sein? Où se sont-ils manifestés avec plus d'éclat et de beauté qu'à Rome? Ce sont les papes, il faut le répéter, quoique ce soit aujourd'hui une chose avérée, qui ont sauvé la civilisation antique et l'ont transplantée dans le monde moderne. Lors de l'irruption des barbares, la science et les beaux-arts où trouvèrent-ils un refuge? Qui prit sous sa garde comme un dépôt religieux les restes vénérables du passé? La réponse ne saurait être douteuse.

Mais les sciences physiques, dira-t-on, l'immense développement matériel causé par la découverte d'un nouveau monde, le christianisme ne les a-t-il pas laissés en dehors de lui?

Si l'on entend par là qu'il n'ait pas engagé, excité les hommes à se lancer dans cette face de la vie, cela peut être vrai; mais on ne peut dire, il serait faux de dire qu'il ait jeté sur elle l'anathème. Il a tellement pris soin de ramener à lui et de faire rentrer dans son cercle cette croissance imprévue, qu'un des reproches principaux que l'on ait adressés à une société célèbre fort discréditée en France, c'est précisément sa condescendance marquée pour les choses matérielles.

Le christianisme ne rejette pas l'aspect matériel de la vie, seulement *il le régularise, il le limite*. Le besoin d'une pareille restriction se fait d'autant mieux sentir que beaucoup en cultivant exclusivement cette face de la vie, en sont venus à oublier l'autre; quelques-uns même l'ont niée tout-à-fait. Le christianisme les reconnaît toutes deux; mais il les harmonise, il les règle, et veut que l'homme, dans ses occupations du moment, n'oublie jamais la tendance spirituelle de son être.

Dans l'ordre social ou politique, les idées saint-simoniennes ne sont qu'une conséquence des principes posés en religion. Dès que l'on donne à l'homme pour but la vie présente et la terre seule qu'il foule aux pieds, il faut bien reconnaître légitimes les désirs de celui qui cherche à accroître la somme de ses jouissances physiques. Quand on lui enlève le monde spirituel, on doit nécessairement ouvrir à son ambition le monde physique, et dès à présent classer les hommes selon leur capacité et les rétribuer selon leurs œuvres.

De jour en jour les formes politiques iront se discréditant: une question de bien-être est au fond de toutes les questions. Mais sans cesse les hommes s'en reviendront désappointés; car les richesses limitées de leur nature, il est impossible de rassasier des êtres qui ont des désirs infinis. D'ailleurs transporter toutes ses espérances de beau, de bien, de vrai à la société, c'est le comble de l'absurde; c'est transporter l'infini dans le fini. Les hommes sont naturellement imparfaits, et tout ce qu'ils feront, de quelque nom qu'ils le décorent, sera toujours imparfait. On ne manie pas des choses comme des idées, et l'absolu est trop large pour être inséré dans le relatif.

Mais, quand on ne croit plus à une autre vie, il faut bien remuer et façonner celle ci; c'est une consolation : il faut bien tâcher de la rendre sûre, bonne, pleine et heureuse. Or, c'est là le travail de Sisyphe; et je souhaite à ces braves gens autant de patience qu'à cet admirable géant, qui, au dire des poètes, roule sans relâche sa pierre depuis des milliers d'années.

De deux choses l'une : ou il faut donner aux pauvres, c'est-à-dire à l'immense classe des prolétaires, une plus grande part dans les richesses sociales, ou il faut de nouveau proclamer la doctrine de l'esprit.

C'est une alternative dont on sentira de plus en plus la pressante nécessité.

Les Saint-Simoniens ont porté leur investigation sur tous les fondemens du corps social et sur
ses relations les plus intimes. Cette investigation
a révélé un fait curieux : c'est que lorsqu'on a
voulu raisonner sur ces principes, la propriété,
le droit d'héritage, la pauvreté héréditaire, etc.,
on a senti bien faibles ces colonnes antiques de
l'ordre social; et ceux qu'une pareille atteinte a
trouvés plus accessibles ont cherché avec anxiété,
dans les livres, des argumens contraires. C'est que
lorsqu'on permet à la raison de scruter une doctrine quelle qu'elle soit, elle sait bien, l'ingénieuse
qu'elle est, y découvrir des défauts et la déchique-
ter. C'est que l'ordre social, tel qu'il existe, a sa
raison intime dans le christianisme, et que rejeter
celui-ci ou lui ôter toute valeur sociale, c'est enlever
la base même de l'édifice, pour le soutenir ensuite
à grand'peine et vainement par des étais humains.

Les idées saint-simoniennes seraient donc dans
la politique la réalisation complète du principe
matériel. Bien que, dans leur ensemble, ces idées
ne laissent pas de présenter un aspect grandiose,
elles n'en seraient pas moins, dans la pratique, une
véritable dégradation de la nature humaine. On ne
peut, sans quelque répugnance, se figurer l'homme,

cette intelligence si haute qui franchit l'espace et
le temps, occupé sans cesse à bêcher, à creuser, à
tracer des routes, à tourner des roues, à fonction-
ner de pair avec des machines, toujours penché
vers la matière, toujours incliné vers la terre, lui
pourtant à qui Dieu a donné un front pour se
relever, et des yeux pour regarder en haut.

Toutefois, s'il y a dans le saint-simonisme bien
des choses qu'on ne peut raisonnablement adopter,
il y en a d'autres qui sont certainement vraies. Il
a porté sur le passé et sur le présent un jugement
qui n'est pas tombé et qui restera; dans sa partie
critique il ne s'éloigne guère de la vérité.

Il existe dans le monde une providence qui régit
tout; elle se sert de l'homme comme d'un instrument, et fait concourir à ses desseins les objets les
plus contraires. En ce sens il est vrai de dire que
rien ne s'accomplit sans la permission de Dieu. Ce
qui paraît le plus opposé à une chose est souvent destiné à la faire ressortir et à la mettre en lumière. Le
bien semble s'opérer par action et par réaction, et
l'on dirait presque que le mal est nécessaire à l'accomplissement du bien. Peut-être, dans l'ordre de la
providence, la propagation du saint-simonisme a-
t-elle été une chose voulue, et qui sait dans quelle fin?

Ce que l'on peut dire, c'est que nul mieux que lui n'a réhabilité le passé ni porté une vue pénétrante sur le présent.

Les Saint-Simoniens ont discrédité la philosophie du dix-huitième siècle et l'école voltairienne.

Ils ont dit que le sentiment religieux était pour l'homme un besoin qui dérivait de sa nature intime, et ils ont réhabilité ce sentiment.

Ils ont compris tout le christianisme dans le passé; ils ont compris l'histoire des papes et leur lutte.

Ils ont connu la faiblesse des communions chrétiennes séparées du centre catholique.

Ils se sont ouvertement prononcés en faveur du christianisme complet.

Ils ont fait voir l'anarchie actuelle des esprits, source intarissable d'anarchie matérielle.

Ils ont prophétisé un retour à l'unité et à l'ordre; et ce retour, ils l'ont prophétisé universel.

Eux-mêmes ils l'ont tenté, mais ils ont plié sous ce fardeau d'Atlas.

Leurs tentatives organiques ont été d'une grande faiblesse : sans doute il ne leur a pas été donné d'aller plus loin.

C'est un phénomène sur lequel on n'a point assez

porté les yeux, que celui de voir tant de jeunes hommes marcher hardiment dans une route naguère si
délaissée. Purifiant leurs lèvres, ils ont parlé de
Dieu et de religion en face de tous. C'est une tentative hardie et qui en elle-même est un heureux
symptôme; c'est un présage qui annonce bien des
choses.

Ecoutons ce que dit, à ce sujet, l'auteur des
Méditations et des *Harmonies* :

« Cette pensée divine (le perfectionnement de
« l'individu et de l'humanité tout à la fois qui doit
« seul guider la société), appliquée enfin à la
« politique, fermente déjà dans la jeune généra-
« tion qui nous presse; c'est dans cette génération
« jeune, forte, morale, religieuse, qu'est tout
« l'espoir de l'avenir. *Le saint-simonisme lui-même*
« *est un heureux symptôme :* hardi plagiat qui
« sort de l'Evangile et qui doit y revenir, il a déjà
« arraché quelques esprits enthousiastes aux viles
« doctrines du matérialisme industriel et politique,
« pour leur ouvrir l'horizon indéfini du perfec-
« tionnement moral et social; c'est là, en effet, le
« terme à atteindre, mais par la route que le Christ
« a tracée, que sa doctrine progressive éclaire à

« mesure que l'homme avance ; mais sur le terrain
« réel et solide de l'humanité, sur le respect de
« tous les droits, sur l'accomplissement de tous
« les devoirs, sur la réforme et non sur la destruc-
« tion de la seule base que Dieu ait donnée jus-
« qu'ici à la famille et à la société, la propriété.
« Peut-être l'humanité découvrira-t-elle un jour
« un autre principe social : on ne peut rien nier,
« rien affirmer de l'inconnu. L'horizon de l'huma-
« nité recule et se renouvelle à proportion des pas
« qu'elle a faits ; le verbe divin sait seul où il veut
« nous conduire ; l'Evangile est plein de promesses
« sociales et encore obscures ; il se déroule avec
« les temps, mais il ne découvre à chaque époque
« que la partie de la route qu'elle doit atteindre.
« Le saint-simonisme trace une route parallèle,
« mais sur les nuages ; c'est une religion moins un
« Dieu, c'est le christianisme moins la foi qui en
« est la vie, c'est l'Evangile moins la raison et la
« connaissance de l'homme. Tout ce qu'il y a en
« lui de sincère, d'élevé, d'aspiration à un ordre
« terrestre plus parfait et plus divin, s'apercevra
« bientôt qu'il ne peut marcher sans base, qu'il
« faut toucher au ciel par ses désirs, mais à la
« réalité humaine par les faits, et reviendra au

« principe qui donne à la fois la vérité spéculative
« et la force pratique, l'espérance indéfinie du
« perfectionnement des sociétés civiles, et la règle,
« la morale et la mesure qui peuvent seules les y
« diriger; ce principe, d'où nous émanons tous,
« croyans ou sceptiques, amis ou ennemis, c'est
« le christianisme!..... »

(Sur la Politique rationnelle, par A. de Lamartine.)

De nos jours, il est évident qu'il s'opère dans la
société un grand travail de rénovation. Les systèmes les plus plausibles comme les systèmes les plus
absurdes sont repris, examinés, discutés et soutenus. Il y a un point sur lequel on semble généralement d'accord, c'est qu'on est fatigué de l'état
présent des idées. On sent le besoin de tout refaire,
de tout changer. La société, loin d'être à sa dernière heure, n'a jamais eu plus de vigueur ni plus
de puissance; des doctrines monstrueuses prouvent elles-mêmes la force de son principe vital.
Que sortira-t-il de ce grand labeur? Quelle est
l'inconnue qui sera la résultante de toutes ces
forces? L'avenir seul le dévoilera. Mais ce qu'il
y a de louable, c'est ce zèle, c'est cette ardeur,
c'est cette activité qui se sont emparés du domaine

de la pensée. L'homme le plus malade n'est pas celui qui recherche la vérité, mais bien celui qui la méprise et qui la dédaigne. On peut dès aujourd'hui prédire qu'en examinant les systèmes anciens et modernes et le christianisme lui-même comme système, on en viendra à reconnaître la supériorité relative de celui-ci sur tout le reste.

※

CHAPITRE XX.

———

Retour au simple bon sens.

PRÈS tout, il faut bien se fixer à quelque
chose. L'homme qui cherche sans cesse
ne peut pratiquer; pendant qu'il laisse errer çà et
là son esprit, les années passent et s'écoulent. La
vie est courte et la science longue; les systèmes

philosophiques sont nombreux : large est le
champ qu'ils embrassent. Plus on court sur cette
terre aride, plus on est las, plus on est fatigué.
— « Venez à moi, nous disent-ils, je suis la vérité. » Et puis, quand on adopte un d'eux, arrivent les conséquences monstrueuses, et l'on rougit
presque de soi-même. Fixer sa demeure à l'abri
d'un système pareil, c'est placer sa tente, exposée
à l'air et au vent, sur le sable du désert. Celui qui
a voyagé dans cette immense plaine a souffert
de bien de privations, de bien de douleurs, de
bien de dégoûts. Loin, très loin des croyances qu'il
avait dans son jeune âge, il y pense toujours, et
s'estime heureux quand ses forces lui permettent
d'aller couvrir sa tête hâlée et flétrie sous ce toit
protecteur. Oh! lorsqu'on a tout vu et tout goûté,
on en vient à envier le sort de l'être le plus commun et le plus ignorant. Heureux mille fois celui
qui est né sous le chaume et qui toute sa vie est
resté sous le chaume! Il n'a jamais perdu sa foi, et
son ame n'a pas été sillonnée d'orages; il n'a pas
connu les désirs dévorans, les insomnies, les rêves
atroces, les peines d'esprit et les douleurs cuisantes
du cœur; il voit encore à travers le prisme de l'illusion, tout est pour lui riant et doré par cela seul qu'il

n'y peut atteindre ; il ne sent pas le dégoût de toutes choses, et le *spleen*, cette hydre aux mille têtes, ne s'est point assis en son cœur. Ce qui lui manque, ce sont quelques jouissances physiques ; mais c'est bien peu, au prix d'une foi qui n'a jamais failli et d'illusions toujours fraîches et vivaces.

On sait peut-être ce que dit Platon par la bouche de Her l'Arménien (*) : les ames descendues dans le séjour de la mort jouissent ou souffrent selon leurs mérites pendant un espace de mille ans, après lequel elles se préparent à retourner à la vie ; elles ont alors le choix de la condition dans laquelle elles veulent entrer, et peuvent à leur gré devenir rois, prêtres, guerriers, savans, etc. Pour moi, si je me trouvais dans ces lieux ténébreux et au moment de choisir, je n'hésiterais guère et je ferais comme le sage Ulysse, qui prit, lui jadis roi, une des conditions les plus modestes.

Chercher dans la vie autre chose qu'elle ne contient, c'est une grande folie ; elle ne peut donner plus qu'elle a. Reporter dans les objets vulgaires tout ce que le ciel nous a accordé de pas-

---

* *République de Platon*, livre x.

sion, de feu, c'est s'échauffer pour saisir une ombre, c'est mordre un fruit plein de cendre.

Toutefois, puisque tant de gens se contentent de la vie telle qu'elle est, et qu'il est peu de personnes qui y soient plus attachées que les vieillards, il faut bien que l'on puisse trouver dans la succession des jours quelque chose qui ne dégoûte pas tout-à-fait, ou même qui plaise un instant. Quand on ne cherche dans la vie que ce qu'elle nous offre, que l'on sait d'avance qu'elle ne peut donner davantage, on jouit paisiblement et sans trouble des biens naturels que Dieu met à notre disposition.

L'homme n'est pas le but de l'homme; mais pourtant il y a quelque chose de doux et de tendre dans l'amitié, et pourvu qu'on ne veuille pas trop le forcer, il y a quelque chose de doux et de consolant dans un ami.

La science n'est pas capable de rassasier; mais elle nous distrait de nos peines, recrée notre esprit et nous enseigne des objets utiles. Celui qui se livre en entier à la science court risque de se perdre, et celui qui ne s'y livre pas du tout a peut-être tort. De sa nature elle est indifférente, c'est-à-dire qu'elle peut conduire au bien comme au mal. Dans le moyen-âge et dans l'époque moderne, presque tous les grands hommes ont été chrétiens, ce qui prouve que la science s'allie très bien avec le christianisme.

Les méthodes philosophiques sont peut-être l'expression d'intelligences diverses et conviennent d'après leur nature à telle ou telle modification d'esprit; peut-être encore sont-elles plus convenables à certaines périodes de l'âge humain. Ce qui est certain, c'est qu'elles sont bonnes quand elles conduisent au vrai but, et qu'on ne peut condamner quelqu'un parce qu'il y est arrivé par une voie plus périlleuse.

L'homme n'est pas aussi laid qu'on le veut faire accroire. Il y a des hommes probes, vertueux, comme il y en a de méchans; et même il est juste de dire qu'il n'en est pas de pervers qui n'ait quelque moment de bonté et d'humanité. On ne peut pas, on ne doit pas jeter un anathème général sur la société.

A quoi faut-il donner la préférence, aux qualités de l'esprit ou à celles du cœur? S'il faut dire ce que j'en pense, je donne la préférence aux qualités du cœur. Dans la vie ordinaire il n'est rien de plus précieux que les vertus morales, c'est une chose de tous les instans ; et de nos jours, il semble vrai de dire que l'on se sert de l'esprit pour fausser le cœur, en sorte qu'on pourrait presque établir la proportion suivante : Les qualités morales sont en raison inverse de celles de l'entendement. C'est une véritable anomalie et qui ne peut durer.

La solitude est bonne, mais il faut être fort pour la supporter. Je conçois très bien la solitude du moine, mais ce n'est pas, à proprement parler, une solitude. Quand on a devant soi et toujours présent le monde spirituel, on n'est pas seul. Le moine a sans cesse avec lui son bon ange, dans le ciel trois personnes en Dieu, la Vierge, des myriades d'anges et de séraphins ; et çà et là rôdant sans relâche, le vieux Satan avec ses milices infernales et ses tentations joyeuses. Le philosophe même qui croit à la doctrine de l'esprit n'est pas seul. Mais celui pour qui le monde spirituel n'est qu'une vision et qu'une fable, ne peut que prendre la solitude en horreur. Il est sans cesse face à face avec soi ; c'est lui et toujours lui, avec ses misères physiques, son corps qui dépérit, ses illusions perdues, ses désirs impuissans ; puis cette fin lugubre, cette horrible caisse de mort qui le poursuit ; et pour s'arracher

à ces tristes pensées, pour se distraire, il a besoin
de se trouver au milieu des hommes, de s'enivrer
avec du vin ou des femmes, de s'occuper sans
cesse n'importe à quoi, de s'étourdir sans cesse
n'importe à quel prix.

Plus qu'on ne le pense, les occupations humaines ont ce but : se distraire des maux de la
vie, s'étourdir. Il est tel individu qui n'a jamais
réfléchi deux heures de suite à ce qu'il est; il pré-
férera peut-être se livrer au sommeil, et non sans
cause. Ce qui se pratique communément, les usages ordinaires de la vie, ont un sens caché, sens
profond et qui fuit les regards. Si l'homme était
obligé à contempler nuit et jour sa misère, à se
nourrir de cet inexorable ennui qui fait le fond de
sa vie, il ne pourrait y résister, il en mourrait certainement. Mais d'occupations en occupations,
de plaisirs en plaisirs, de sommeil en sommeil, il
arrive sans s'en douter à la limite de sa carrière.
En conséquence, si un législateur voulait former
à priori une société, certes, il ne lui donnerait pas
d'autres lois que celles qui s'observent communément, car elles ont toutes leur sens. Je sais bien
que les occupations sociales ont encore ce but, de
produire ce qui est nécessaire à la vie; mais si l'on

s'en tenait simplement au nécessaire, les hommes travailleraient peu et on ne les verrait pas, comme quelques-uns, étouffer peu à peu leur ame et s'enfouir vivans dans des affaires exclusivement matérielles.

Heureux celui qui n'a jamais sondé le mystère de sa nature, ce problème sombre écrit en caractères fugitifs dans l'espace! Heureux celui qui a toujours tenu son oreille ouverte à la sagesse des anciens, qui a reçu sans y penser, dans l'église qui a sonné de ses cloches sur son berceau, le résumé de la sagesse religieuse de tous les temps et de tous les pays! Il n'a pas eu grand'peine pour cela; il n'a eu qu'à écouter la voix de son pasteur. Eh bien! l'homme qui a navigué sur le grand Océan et qui a fait le tour du globe, n'en sait pas plus que lui. Figurez-vous un cercle, figurez-vous deux personnes sur ce cercle : l'une demeure immobile, l'autre marche, marche et parcourt tout le cercle; elle finira par rencontrer l'immobile et se trouver précisément au même point.

L'homme qui est en proie au doute erre dans le grand désert avec une soif ardente; il est dévoré d'un besoin qu'il ne sait comment satisfaire, mais il poursuit, il cherche. Quelquefois la mort le saisit sur cette route aride : heureux quand la main protectrice d'une intelligence céleste lui fait franchir l'espace et le ramène au puits, source intarissable où se rafraichissait son enfance! Le serpent qui mord sa queue est aussi l'emblème de la vérité.

Hélas! il est dans les choses de la vie un je ne sais quoi de délicat qui passe bien rapidement ; c'est une fleur qui se fane dès qu'on la cueille. C'est une vierge au maintien décent, à la taille peu soignée, aux yeux chastes, au front pudique. Oh! quand le souffle impur de l'homme l'a touchée, la voilà bientôt flétrie. Elle aura beau se parer de robes brillantes qui dégagent sa taille, dresser les yeux et regarder en face ; elle aura beau étinceler de pierreries, don d'un époux ; elle n'est plus ce qu'elle était naguère, elle a perdu ce qui faisait son charme : son parfum de vierge, où s'est-il exhalé?

Une vierge n'est-ce pas l'emblème le plus pur de la foi? C'est qu'en effet la foi est comme une vierge : tant qu'elle est pure, mystérieuse, intacte, elle mérite le nom de foi ; mais lorsqu'elle a été fanée par le souffle du doute, on a beau vouloir la rappeler à la vie, toujours on trouve en elle un indice de souffrance, un signe de douleur. Quand elle semblera le plus puissante, il surviendra à l'improviste je ne sais quel souvenir impur qui passera et repassera, je ne sais quelle plaisanterie, quel ricanement même, au point que l'être flétri qui cherche la paix aura peine à déguiser son trouble ou à ne pas sourire de douleur.

Pour ce mal, tout l'art des hommes est impuissant; c'est une lèpre de l'âme qui ne peut être guérie que par celui-là même qui a dit : « Je suis la résurrection et la vie. » — *Ego sum resurrectio et vita : qui credit in me, etiam si mortuus fuerit, vivet* (*).

(*) S. Jean, c. xi. 25.

CHAPITRE XXI.

—

De quelques Auteurs chrétiens.

Les hommes éminens qui ont écrit dans un sens chrétien sont en général assez connus; leurs œuvres présentent une source intarissable de bonnes doctrines. Mais les ouvrages qui paraissent plus récemment ont quelquefois le sort de s'acquérir lentement de la réputation ou de demeurer inconnus à ceux-là mêmes qui s'intéressent le plus à leur publicité.

C'est pourquoi il n'est pas inutile de parler de quelques-uns de ces ouvrages qui ont été mis au jour il y a peu de temps, en les choisissant parmi ceux qui nous semblent les plus dignes de l'attention générale.

Nous ferons donc connaître les *Mémoires* de Silvio Pellico, les *Voyages* de Thomas Moore, et la *Vision d'Hébal* de M. Ballanche.

CHAPITRE XXII.

Mes Prisons,

Mémoires de Silvio Pellico (*).

ILVIO PELLICO vivait à Milan heureux et
fortuné. Il passait sa vie dans des occupations de son choix, avec des amis distingués,
parmi lesquels il comptait Monti et Foscolo. Pré-

---

* *Le mie Prigioni, Memorie di Silvio Pellico da Saluzzo.* Edition
in-12. Paris, Baudry, 1833.

cepteur des enfans d'une antique et noble maison,
il se trouvait par là même en relation avec la meilleure société du pays et avec les voyageurs d'élite
qui venaient visiter la capitale du Milanais. Il s'était
exercé dans la poésie, et *Françoise de Rimini*, une
de ses tragédies, avait obtenu du succès. Enfin,
tout lui paraissait riant, soit qu'il regardât dans
le présent, soit qu'il regardât dans l'avenir. Les
espérances les plus flatteuses semblaient le caresser
et le bercer à l'envi.

Lorsqu'un événement imprévu, un rien, vint
renverser ce fragile édifice, et le jeter dans une face
tout opposée de la vie.

Soupçonné, en qualité de *carbonaro*, d'avoir
trempé dans un complot d'état, Pellico est arrêté
et mis en prison : c'était au mois d'octobre 1820.

Eût-il été surprenant qu'une ame, comme la
sienne, ouverte aux inspirations généreuses, eût
voulu affranchir son pays de la domination des
étrangers? Serait-il vrai qu'il ait fait partie de
quelque conspiration? Dans ses mémoires il ne
s'en explique pas, et dit ne pas savoir ce que c'est
que charbonnerie.

Quoi qu'il en soit, il fut jugé et condamné par
une commission extraordinaire, et transporté en

Allemagne, auprès de la ville de Brünn, dans la forteresse de Spielberg.

Depuis 1820 jusqu'en 1830, durant dix ans, Pellico a été sous les verrous; et dans cette dernière prison d'état, la plus rigoureuse d'Autriche, il a éprouvé d'indicibles souffrances.

Il a intitulé ses mémoires *Mes Prisons*, parce qu'il s'est trouvé dans trois endroits principaux, à Milan, à Venise et à Spielberg.

On pouvait faire un livre à moins; mais l'infortuné a voulu raconter au monde ses douleurs et ce qui l'avait consolé. C'est le récit de longues et dures épreuves, d'un vrai martyre, martyre qui semblait se renouveler chaque jour.

On doit savoir gré à l'auteur de n'avoir pas reculé devant de si cruels souvenirs.

Nous voici donc à Milan avec Pellico. Il espère être bientôt remis en liberté.

Que se passe-t-il dans sa prison? quelle distraction a-t-il?

C'est d'abord un petit enfant de cinq ou six ans, sourd et muet, fils de prisonnier, et qui joue dans la cour intérieure. Cet enfant s'attache à lui naturellement, et ils correspondent par signes.

Puis la voix tendre et douce de *Maddalena*,

malheureuse femme jetée dans un lieu près du sien, cette voix qui lui semble révéler une belle ame, un être qui ne s'est laissé aller au vice que par un enchaînement presque fatal des destinées humaines.

Un homme éminent se félicite de faire sa connaissance : c'est un Français, détenu par ordre de l'Autriche, l'infortuné duc de Normandie, Louis xvii : peut-être est-ce le quinzième ou seizième Louis xvii qu'il y ait alors en Europe ; mais celui-ci expie dans un cachot sa prétendue royauté, et pour lui la couronne est une couronne d'épines.

Pellico est transporté à Venise : là se trouvent les juges qui doivent connaître de son procès. Il est placé *sous les plombs*, dans ces fameuses prisons d'état que la république de Venise avait fait construire vers la fin de sa domination. Le soleil darde directement ses rayons sur ce toit de métal, lequel s'échauffant sans cesse produit une chaleur horrible. C'est là qu'il est mis, et il nous raconte son isolement presque absolu ; il n'aperçoit là-bas les hommes, loin, bien loin, que comme des enfans ; la chaleur le brûle, et des milliers d'insectes le harcellent nuit et jour.

Il eut une douce consolation : ce fut une jeune personne de quinze ans, *la siora Zanze*, la fille du gardien des prisons.

Cette personne compatissante sachant, comme elle le disait, que Silvio n'était ni voleur ni assassin, venait lui tenir compagnie ; elle le regardait comme un père. Elle finit par s'attacher à lui et lui dévoiler un amour qu'elle avait, un amour de Vénitienne, pour un beau jeune homme.

Rien n'égale la grace de cette fille, ses sentimens tendres et délicats : Pellico lui donne un coloris que rien ne peut rendre. C'est cette douceur et cette sensibilité que l'on trouve dans la conversation d'une femme aimable. Peut-être nous l'a-t-il embellie encore, à cause de l'amitié qu'il eut pour elle ; mais enfin ce fut pour lui un ange de consolation, une fleur jetée parmi les épines de sa vie.

Il faut lui savoir gré aussi d'avoir conservé avec elle le rôle paternel ; car cette fille, bien que peu jolie, ne devait pas être sans attraits, avec ses yeux brillans, sa parole de feu, son amour pour un autre, amour qui débordait, sa grace toute particulière à chasser loin d'elle et de Silvio les insectes ailés, son attention à donner des miettes de gâteau aux fourmis chéries du prisonnier. Ces fourmis se rendaient en foule sur la fenêtre, et il les nourrissait. Il avait encore une belle araignée qu'il avait apprivoisée et qui prenait sa nourriture dans sa main.

Cependant le procès criminel se suivait toujours, l'instruction allait son train. Que de craintes, que d'angoisses! quel tourment d'esprit! que d'insomnies!....

Mais dans ces longs jours, lorsqu'il arrivait que les soins de son procès ne l'occupaient pas, et que *la siora Zanze* ne venait point partager sa solitude, que faisait-il? Les heures sont longues pour un prisonnier. — Seul et toujours seul!

Il avait une table rustique et un morceau de verre, et avec ce morceau de verre et sur cette table il écrivait.

C'étaient ses sentimens, ses pensées, sa biographie. Il repassait toute sa vie, les événemens de sa vie, ses idées; il se ressouvenait de ses actions tant en bien qu'en mal, méditait sur quelque question de philosophie ou de morale; il éclaircissait ses doutes, mettait en ordre ses connaissances sur toutes choses.

Et quand le dessus de la table était plein d'écritures, il lisait et relisait cette écriture, méditait, la relisait encore; et puis, quelquefois avec regret, il passait dessus cet impitoyable râcloir de verre, qui, comme le destin, emportait en un instant le fruit d'un long travail.

La poésie n'était pas non plus oubliée: la poésie, c'est une pierre d'achoppement pour un poète. Il faisait des vers : hélas! pour qui et pour quel temps?

Néanmoins l'avenir commençait à se rembrunir. Ses espérances, jusque-là entretenues par les choses les plus insignifiantes, déclinaient. Le bruit courut que de nombreux *carbonari* venaient d'être condamnés à mort.

— A mort! quelle perspective!

Pellico languissait dans son cachot. Privé, par accident, de la compagnie de la Vénitienne, il était seul, obligé de se replier sur lui-même et de creuser sans relâche son cerveau. Il souffre, il s'exalte, il ne voit partout qu'ennemis, qu'injustice. Sans cesse il pense à sa famille, à son père, à sa mère. Il écrit lettres sur lettres, lettres qu'il sait ne pouvoir envoyer; il se place à sa table et écrit à ses parens; c'est une manie pour lui : c'est toujours son père, c'est sa mère....... La nuit, il ne peut dormir; une insomnie cruelle le tient éveillé jusqu'à l'aube. Son esprit s'affecte, il croit entendre des bruits dans sa chambre, il est en proie aux poursuites des inquisiteurs. Enfin — chose horrible! — il s'imagine être abandonné de Dieu : de là à la folie qu'y a-t-il? un point imperceptible; et ce point, que faut-il pour le franchir?

Vous qui croyez à l'égalité d'une même peine pour tous, jetez les yeux sur ces pages (*), et vous verrez quelles souffrances peut éprouver une ame supérieure.

Pellico s'attend à être condamné à mort. En effet, un inquisiteur lui lit sa sentence : il est condamné à mort, mais sa peine est commuée en quinze ans de prison rigoureuse (*carcere duro*), de galères, dans la forteresse de Spielberg.

La sentence est relue publiquement : on le tire lui et deux autres des prisons, on leur met les menottes, et au milieu de la foule, entre deux haies de soldats autrichiens, ils s'avancent vers la place publique et vers cette estrade qui ne s'élève guère de coutume que pour des voleurs et des assassins.

Le peuple s'émut et fit entendre un long mur-

(*) Chapitres XLV et XLVI.

mure; mais des canons étaient placés là dans les rues, et la mèche était allumée.

— Voilà donc Pellico parti pour le Spielberg! Le Spielberg est une hauteur couronnée par un château-fort, auprès de Brünn, capitale de la Moravie; c'est une prison d'état, et la plus sévère de l'empire d'Autriche.

Austerlitz est à peu de distance. Lors de la bataille de ce nom, le château-fort de Spielberg fut pris et démoli par les Français; mais depuis il a été relevé en partie, et il sert aujourd'hui à détenir les grands criminels.

En 1822 Pellico et plusieurs autres furent déposés, sous un ciel étranger, dans cette sinistre forteresse.

Une rigueur excessive y règne. On n'y voit que geoliers et soldats. La nourriture est détestable. Des planches nues sont le seul lit et le seul meuble des prisonniers. Des vêtemens grossiers et humilians remplacent leurs habits ordinaires; ils portent la chaîne aux pieds, etc.

Ce qui adoucit un peu pour lui la dureté de sa détention, ce fut la compassion même de ses gardes, ce fut la tendre amitié.

Il se lia d'amitié avec le comte Oroboni, placé

dans une prison voisine de la sienne, infortuné au même titre que lui. De leur fenêtre qui donnait sur la cour, ils se parlaient à voix basse et sans se voir.

Mais les gardes eux-mêmes et le geolier Schiller, malgré la sévérité de la discipline, ne pouvaient s'empêcher d'accorder à ces malheureux quelques témoignages de compassion.

Schiller s'attacha particulièrement à Pellico; car il était si chétif et si souffrant, qu'il semblait ne pouvoir supporter long-temps de pareilles rigueurs.

Ce bon Schiller, ce brave et vieux militaire, à l'air bourru et terrible, qui se prit d'affection pour ces infortunés étrangers, au point de les appeler dans la suite ses enfans; il tempérait autant que possible son rude ministère, il les consolait, même il priait pour eux; il s'efforçait de leur donner du courage, de leur inspirer de la gaité; et un jour, lui vieillard de soixante-quatorze ans, il se mit à danser pour distraire un peu ce pauvre Silvio qui succombait à la douleur.

Que le nom de cet excellent homme soit à jamais béni!

Quelquefois il prenait une étrange envie à Pellico; envie c'est le mot : il désirait de se briser la tête contre les murs, et sa tête semblait vouloir lui échapper. Il avait besoin de toute la force de son esprit pour résister à cet incessant désir.

Le temps de sa détention à Spielberg ne fut en quelque sorte qu'une longue maladie. Sa santé, faible et languissante, ne se rétablissait un peu que pour l'abandonner de nouveau à de terribles crises.

En 1823 il en eut une très grave et fut à deux doigts de la mort. On ne lui permit même pas d'être transporté à l'infirmerie des détenus ordinaires ; il fut soigné dans sa prison par deux soldats de ses gardes.

Se voyant si près de sa fin, le malade (il nous l'apprend lui-même) se disposa à mourir en chrétien.

On accorda à Pellico deux faveurs : la première, de mettre auprès de lui un de ses amis, un condamné, Maroncelli ; la seconde, d'écrire une lettre à ses parens ; et cette lettre a été la seule que, pendant le long espace de sa détention, ceux-ci aient pu recevoir de leur fils. Quant à lui, il n'en a jamais reçu aucune. Toute communication avec le dehors était rigoureusement interdite. Les reclus de Spielberg étaient morts au monde, la société n'existait plus pour eux.

Cependant le comte Oroboni gémissait et languissait. Atteint d'une maladie cruelle, il mourut dans sa prison; et séparé de son ami seulement par un mur, Pellico ne put lui donner aucun secours, quelque faible qu'il fût.

C'est d'une manière touchante qu'il raconte ce décès; on sent qu'il en éprouva une profonde douleur : cette mort, en effet, ne semblait-elle pas lui dire : Bientôt ce sera ton tour! — Quel présage!....

Et les derniers momens d'Oroboni, comme ils ont été beaux! Ils sont empreints de force et de résignation chrétienne.

Le lecteur me permettra de traduire ici ce chapitre :

CHAPITRE LXXVI [*].

« Oroboni, après avoir beaucoup souffert pendant l'hiver « et pendant le printemps, se trouva beaucoup plus mal en « été. Il cracha le sang et tomba dans l'hydropisie.

« Je laisse à penser quelle fut notre affliction lorsqu'il gisait « là moribond si près de nous, sans que nous pussions per- « cer cette cruelle muraille qui nous empêchait de le voir et « de lui prêter nos secours d'amitié.

« Schiller nous donnait de ses nouvelles. Le malheureux

[*] *Le mie Prigioni*, pag. 270 et suivantes.

« jeune homme souffrit horriblement, mais son esprit demeura
« intact. Il reçut les secours spirituels des mains de l'aumônier
« qui, heureusement, savait le français .

« Il mourut le jour de sa fête, le 13 juin 1823. Quelques
« heures avant d'expirer, il parla de son père octogénaire,
« s'attendrit et pleura. Puis il se reprit, en disant : — Mais
« pourquoi pleuré-je le plus fortuné de mes proches, puisqu'il
« est à la veille de me rejoindre dans l'éternelle paix? —

« Ses dernières paroles furent celles-ci : — Je pardonne de
« cœur à mes ennemis. —

« D. Fortini, son ami d'enfance, homme tout religion et
« charité, lui ferma les yeux.

« Pauvre Oroboni ! quel froid nous courut dans les veines
« quand on nous dit qu'il n'existait plus !—Et nous entendîmes
« la voix et les pas de ceux qui venaient prendre le cadavre ! —
« Et nous vîmes de la fenêtre le char sur lequel on le conduisait
« au cimetière ! Ce char était traîné par deux condamnés com-
« muns; il était suivi de quatre gardes. Nous accompagnâmes
« de nos yeux le triste convoi jusqu'au cimetière. Il entra dans
« l'enceinte. Il s'arrêta dans un coin : là était la fosse.

« Peu d'instans après, le char, les condamnés et les gardes
« retournèrent. Un de ceux-ci était Kubitzky. Il me dit (jolie
« pensée, surprenante chez un homme grossier) : — J'ai marqué
« avec précision l'endroit de la sépulture, afin que si quelque
« jour un parent ou un ami obtenait la permission de prendre
« ces os et de les porter à son pays, on puisse savoir où ils
« reposent. —

« Combien de fois Oroboni ne m'avait-il pas dit, regardant
« par la fenêtre le cimetière : — Il faut que je m'accoutume à
« l'idée d'aller pourrir là-dedans : eh bien ! je confesse que cette
« idée me fait frissonner. Il me semble que l'on ne doit pas être

« aussi bien, enseveli dans ces pays-ci, que dans notre chère
« péninsule. —

« Puis il riait et s'écriait : — Enfantillages ! Quand un vête-
« ment est usé et qu'il faut le quitter, qu'importe le lieu où on
« le jette ? —

« D'autres fois il disait : — Je me prépare chaque jour à la
« mort, mais je m'y serais résigné plus volontiers à une con-
« dition : rentrer sous le toit paternel, embrasser les genoux
« de mon père, entendre une parole de bénédiction, et de
« suite mourir ! —

« Il soupirait et ajoutait : — Si ce calice ne peut s'éloigner,
« ô mon Dieu, que ta volonté soit faite ! —

« Et le dernier matin de sa vie il dit encore, en baisant
« un crucifix que Kral lui présentait :

— « Toi qui étais divin, tu avais pourtant horreur de la
« mort, et tu disais : *Si possibile est, transeat à me calix iste !*
« Pardonne, si je le dis aussi. Mais je répète encore tes autres
« paroles : *Verumtamen non sicut ego volo, sed sicut tu !* — »

En 1824 les prisons de Spielberg ne suffisant
plus à contenir les malheureux condamnés politiques, le local fut agrandi ; de nouvelles cellules
furent ajoutées aux anciennes, et des infortunés
arrivèrent d'Italie.

Alors les rigueurs s'accrurent encore.

On enleva aux détenus les quelques livres qu'ils
avaient apportés avec eux ; on leur ôta même la
Bible. Le bon Schiller cessa d'être préposé à leur

garde : les consolations humaines semblèrent s'en aller l'une après l'autre : la prison devint pour eux une vraie tombe *(una vera tomba)*.

Ainsi se passèrent les longues années 1824, 1825, 1826 et 1827.

Pellico, ne recevant aucune nouvelle de sa famille, s'imagine que son père, que sa mère sont morts, que ses frères ne sont plus.

Il n'a plus rien qui l'attache à la terre : il envie le sort d'Oroboni, il voudrait mourir.

Un autre détenu succombe : c'est Antonio Villa, qui s'était trouvé avec lui *sous les plombs*. Jadis robuste comme un Hercule, cet infortuné mourut de langueur : il mourut loin de sa jeune et intéressante épouse !

Deux prisonniers enveloppés dans la même disgrace sont mis en liberté. Pellico espère aussi d'être gracié, mais en vain.

Maroncelli, atteint d'une tumeur à la jambe, est obligé de souffrir l'amputation ; c'est avec courage qu'il s'y résigne. Son ami nous décrit cette amputation avec rare bonheur : c'est un chapitre délicieux de grace et de sentiment.

Enfin arrive le 1ᵉʳ août 1830 ! Dix ans allaient s'accomplir depuis que notre héros était sous les verrons. Il y avait huit ans et demi qu'il était sur le rocher de Spielberg.

Et le jour même de sa condamnation à Venise, les juges lui avaient fait espérer que sa peine serait réduite à deux ou trois ans!

On lui annonce sa grace, ainsi qu'à Maroncelli et à un autre.

Comment reçurent-ils cette nouvelle? sans doute le lecteur dira que ce fut avec joie.

Eh bien, non! Pellico nous apprend qu'ils restèrent tous muets. Ce retour inespéré à la société les frappa de stupeur, ils étaient atterrés. Savaient-ils en effet s'il devaient se réjouir ou pleurer? savaient-ils s'il leur restait dans le monde quelque parent, quelque ami? avaient-ils encore quelque lieu à reposer leur tête?...

— Maintenant, qui a donné à notre prisonnier la force de supporter tant de maux, tant d'angoisses, tant de douleurs?

Un homme seul n'aurait-il pas plié sous le faix? Qui l'a soutenu dans ces longues et terribles épreuves?

C'est l'amitié, ce sont les ames compatissantes qui ont plaint son infortune : c'est *la siora Zanze*, c'est Schiller, c'est Oroboni, c'est Maroncelli.

C'est enfin la religion : Pellico l'avoue dans toute
la franchise de son ame, et cet aveu doit être pris
tel qu'il le donne.

Quel était l'état de ses idées à ce sujet, lorsqu'il fut mis en prison?

« Sans être hostile à la religion, dit-il, je la suivais peu
« et mal. Les objections avec lesquelles on a coutume de
« la combattre me paraissaient peu de chose, et cependant
« mille doutes sophistiques venaient affaiblir ma foi.

« Depuis long-temps ces doutes ne tombaient plus sur
« l'existence de Dieu, et je me disais souvent que s'il y a un
« Dieu, une conséquence nécessaire de sa justice c'est qu'il
« accorde à l'homme une autre vie, lui qui souffre dans un
« monde si injuste : de là la conséquence raisonnable d'as-
« pirer aux biens de cette seconde vie : de là l'amour de Dieu
« et des hommes, une tendance continuelle à s'ennoblir par
« de généreux sacrifices.

« Déjà depuis long-temps je me répétais cela, et j'ajoutais :
« — Mais le christianisme qu'est-il autre chose qu'une per-
« pétuelle aspiration à s'ennoblir? — Et je m'étonnais que
« l'essence du christianisme étant aussi pure qu'elle l'est,
« aussi philosophique, aussi inattaquable, il fut venu une
« époque où la philosophie pût dire : — Dorénavant je tien-
« drai sa place. — Et de quelle manière tiendras-tu sa place?
« En enseignant le vice? Non, certes. En enseignant la vertu?
« Eh bien! ce sera l'amour de Dieu et du prochain; voilà pré-
« cisément ce qu'enseigne le christianisme * . —

* Pag. 9 et 10.

Tels étaient ses sentimens; néanmoins il hésitait à conclure. Il était chrétien de cœur, mais sans pratiquer.

Dans sa cellule à Milan, il avait une Bible (ce livre qu'il avait toujours aimé, même lorsqu'il se croyait incrédule), et cette Bible faisait ses délices. Il se sentait consolé, épuré par cette divine lecture.

— « Le temps n'était plus, dit-il, où je jugeais la Bible avec
« la mesquine critique de Voltaire, me moquant de certaines
« expressions, qui ne sont ridicules ou fausses que lorsque,
« par ignorance ou par malice, on n'en comprend pas le sens.
« Je voyais clairement que c'était le code de la sainteté,
« et partant de la vérité; qu'il était peu philosophique de
« s'offenser de certaines imperfections de style; ... qu'il
« était absurde de s'imaginer qu'une pareille collection de
« livres religieusement vénérés n'eût pas une source authenti-
« que; et qu'enfin la supériorité de telles écritures sur le
« Coran ou sur la théologie des Hindous était incontestable.
« Plusieurs en ont abusé, plusieurs ont voulu en faire un
« code d'injustice, ou la sanction de leurs passions criminelles.
« C'est vrai; mais souvenons-nous de ceci : on peut abuser
« de tout; et quand est-ce que l'abus d'une chose excellente
« aura dû faire dire que la chose en elle-même est mauvaise ?
« Jésus l'a déclaré : toute la loi et les prophètes, toute cette
« collection de livres sacrés, se réduisent au précepte d'aimer
« Dieu et les hommes. — Et de telles écritures ne seraient
« pas une vérité propre à tous les siècles ! ne seraient pas la
« parole toujours vivante de l'Esprit-Saint (* !... » —

(*. Pag. 84 et 85.

Depuis cette époque, Pellico résolut d'être conséquent avec lui-même et s'efforça de mettre sa conduite d'accord avec ses principes.

Il éprouva, il est vrai, dans la suite quelques vacillations dans la foi, mais que l'injustice de ses ennemis put seule lui occasionner.

Lorsqu'il se vit condamné à mort et exposé publiquement à Venise, trouvant partout la fraude, partout la calomnie, il douta un instant de tout. L'univers lui semblait en la puissance du génie du mal. Et cet infernal sourire qu'il avait cru apercevoir chez un de ses juges, ce sourire de joie et de haine, n'était-il pas fait pour ôter à l'homme le plus pacifique tout calme, toute résignation ?

Mais, dans sa route vers le Spielberg, il reçut de nombreuses marques de compassion, soit en Italie, soit en Allemagne ; et ce témoignage d'amour de ses semblables le rendit à la vie, en lui redonnant la force d'aimer.

— « Alors, dit-il, que je pus de nouveau prier sincèrement pour tous et ne plus haïr personne, mes doutes sur la foi se dissipèrent : *Ubi charitas et amor, Deus ibi est.* »

. . . .

Ah ! l'amitié et la religion sont deux biens inestimables. Elles embellissent encore les heures des prisonniers qui

« ont perdu tout espoir de recouvrer leur grace ! Dieu est
« vraiment avec les malheureux ; — avec les malheureux qui
« aiment ! » —

On ne peut passer sous silence ce que dit Pellico
du clergé catholique allemand. Dans cet espace
de huit ans et demi qu'il a vécu en terre étrangère,
il a pu voir et connaître bien des prêtres, car ils se
succédaient fréquemment dans les prisons de Spielberg. Il pouvait encore mieux en juger, puisqu'il
entendait et parlait la langue allemande. Il rend
un sincère hommage à ce clergé : il dit avoir trouvé
en lui beaucoup de science, beaucoup de foi et une
profonde philosophie. Parmi tous ceux qui sont
venus le visiter et le consoler, aucun n'a cherché,
le moins du monde, à se faire l'instrument de la
politique.

On ne peut de même, sans attendrissement, se
ressouvenir de ce qu'il dit sur la prison des femmes
qui était à Spielberg ; car il y avait aussi des infortunées sur ce sinistre rocher. Il se rappelle avec
émotion leurs chants religieux durant la messe,
leur *Sanctus*. Il paraît que la voix de la femme
sait empreindre de douceur et de mélancolie tout
idiome quel qu'il soit :

« — Parmi les femmes, dit-il, il y en avait dont la voix allait

« au cœur. Infortunées! quelques-unes étaient très jeunes.
« Un amour, une jalousie, un mauvais exemple les avait
« conduites au crime! — Il me semble entendre et mon ame
« est encore émue de leur chant si religieux du *Sanctus :* —
« *heilig! heilig! heilig!* » —

Ces accens lui tiraient des larmes.

— Les mémoires de Pellico, considérés en tant
qu'ouvrage, ont obtenu en France la meilleure
approbation possible, je veux dire trois éditions :
c'est un succès peu ordinaire et qu'il n'est pas
inutile de constater.

L'œuvre, appréciée sous le rapport de l'art, le
mérite bien; rien de plus simple, de plus touchant,
de plus gracieux, de plus fini : c'est une ame en
souffrance qui se raconte, et une ame de poète!
Il y a des épisodes délicieux et qu'on ne peut
oublier de sa vie quand on les a lus une fois : *la
Zanze*, Schiller, Oroboni, Maroncelli.

Je ne dis rien du style, car il est au dessus de
tout éloge. Il faut être familiarisé avec la langue
italienne pour en sentir toute la délicatesse, toute
la perfection.

Mais on ne doit pas s'arrêter à cette écorce, il
faut aller plus loin et saisir le sens intime de l'ouvrage. Son succès a été grand en France : peut-être

la situation des esprits y prêtait-elle? Ce n'est pas un traité philosophique, encore moins un traité de théologie. Le christianisme se mêle si naturellement et si bien au récit, qu'il en forme partie inséparable et essentielle.

Un fait remarquable, c'est que Pellico ne dit rien contre ses ennemis, ni contre ses juges. Il raconte ses longs tourmens et ne se permet pas une seule malédiction. C'est un procédé des plus rares par le temps qui court. Je laisse au lecteur à sentir par quel miracle cela s'est fait. Toute la puissance des hommes ne peut empêcher que dans un livre, on n'y mette, si l'on veut, de l'ironie et du sarcasme.

Au milieu de ces écrits pleins de haine et dégoûtans de fiel qui paraissent chez nous, les mémoires de Pellico sont un vrai phénomène. C'est une rose qui est venue éclore parmi des épines, et dont l'éclat en est par cela même rehaussé.

Oh! que de tristes choses ont dû se passer dans cette ame brûlante et sensible! que de tristes choses pendant dix ans!

Mais aussi, artistes et poètes, qu'avez-vous à faire dans ce monde de la politique? Pourquoi vous mêler de nos petits débats du jour? Qu'ont

de commun nos systèmes de gouvernement avec
l'intérêt vivant du beau et du vrai? Ah! je vous en
prie, tenez vos ailes ouvertes et montrez-nous du
doigt et de vos chants sacrés les objets du ciel,
ces trésors dont nos contemporains semblent de
plus en plus indignes.

Hélas! LE DOCTEUR NOIR aurait bien pu ranger
celui-ci au nombre de ses victimes!........

— L'homme qui vit au sein de la société,
qui a ses heures pleines, ses occupations de la
journée, ses plaisirs, n'a guère le temps de songer
à soi, de se sentir vivre et de réfléchir sur sa
destinée.

Mais celui dont la vue est bornée par quatre murailles, sans amis, sans distractions, toujours en
face de lui-même, ne peut que penser à sa triste
position. Il se voit infirme et souffrant, faible sous
tous les rapports et délaissé par les hommes. —
La vie a-t-elle donc été créée pour souffrir? Et
lorsqu'il a devant lui de longues années qu'il doit
passer dans l'expiation, comme il voit s'envoler
l'une après l'autre toutes ses espérances! Il se flat-
tait d'être riche, honoré, peut-être célèbre ou puissant; cet espoir est brisé avec violence et arraché de
son cœur. Il est loin de la société, loin des bruits

populaires, hors de l'atteinte des influences exté-
rieures. Les opinions humaines, quelque grandes
qu'elles se fassent, de quelque voix qu'elles crient,
viennent expirer aux portes de son cachot. Une
fausse vanité ne le retient plus, une fausse vanité
ne le fait plus agir. Il considère les choses en elles-
mêmes et non d'après la relation du moment. Alors
il fait ce raisonnement-ci :

— « Il y a un Dieu : donc infailliblement une justice : donc
« tout ce qui arrive est ordonné dans de bonnes fins : donc la
« souffrance de l'homme sur la terre est pour le bien de
« l'homme. » —

C'est ainsi que se justifie la bonté suprême; c'est
ainsi qu'une ame ulcérée peut encore avoir un
amour, l'amour de Dieu.

Dès lors le prisonnier n'est plus obligé de se
contempler incessamment; il porte au dehors
ses regards sans qu'ils soient attristés : il voit
l'ordre en Dieu. De cette sublime source décou-
lent de puissantes consolations, consolations
qui ne dépendent pas du moment ni du caprice
d'un homme. Ses souffrances ne sont plus un mal :
expiant ses fautes, elles tendent à le relever, à
l'ennoblir. Par ses douleurs mêmes il se sent
réhabilité.

Alors il peut prier, et la prière vient rafraîchir son âme.

Telles sont les idées du prisonnier : il n'est plus seul dès qu'il est avec Dieu. La justice divine lui rend l'espérance.

Il y a donc dans ce retour à la foi quelque chose de bien naturel. La solitude complète et prolongée ramène presque toujours à Dieu.

O vous qui voulez connaître tout ce qu'il peut y avoir de souffrances dans la tête et dans le cœur d'un homme, approchez-vous et lisez cette œuvre.

Et vous infortunés qui cherchez partout la foi et ne trouvez partout que le doute, voici un homme qui croit encore au Dieu des chrétiens.

CHAPITRE XXIII.

—

Voyages d'un Gentilhomme irlandais à la recherche d'une Religion.

PAR THOMAS MOORE [*].

Notre siècle est destiné à voir des choses rares, curieuses, inconnues.

Voici un poète qui délaisse sa lyre pour faire un ouvrage de théologie.

[*] *Voyages d'un Gentilhomme irlandais à la recherche d'une Religion.* Avec des notes et des éclaircissemens. Par Thomas Moore, traduit de l'anglais par l'abbé D***. — Paris, Gaume frères, libraires. 1833.

C'est un poète bien connu qui avait obtenu l'estime et l'affection de tous, qui avait eu puissance d'enchanter lord Byron, et que celui-ci a loué en maint endroit de ses œuvres.

Thomas Moore s'était exercé dans le genre érotique, et les suffrages du public lui avaient décerné le surnom gracieux et flatteur d'Anacréon. (*The Anacreon Moore.*)

Long-temps il offrit de l'encens et des prières aux autels de l'amour; long-temps il célébra la grace et la beauté de ce dieu, et attira des fidèles à son temple.

Comme le chantre de Téos, il se couronnait de fleurs; mais, plus heureux que lui, il n'a pas entouré de roses un front glacé et des cheveux blancs.

Peut-être a-t-il senti tout ce qu'il y a dans l'amour; peut-être a-t-il éprouvé tout ce qu'il offre d'appas, de tendresse, de beauté, mais aussi d'éphémère et de peu solide.

Ce n'est pas pour rien que, dans leur allégorie, les anciens ont donné à l'amour les traits d'un enfant et des ailes. C'est qu'il s'envole si vite! c'est que lorsqu'on le possède, il est si près de s'envoler! c'est qu'il y a toujours en lui un certain enfantillage, indigne du caractère et de la dignité de l'homme : l'amour n'est qu'un enfant.

Thomas Moore, après avoir chanté tout ce qu'il y avait de plus gracieux, de plus léger, de plus sémillant dans le domaine de la poésie, a détendu sa lyre, cette lyre harmonieuse chère au public, et maintenant il s'est enveloppé du manteau de la théologie.

Que voulez-vous? peut-être n'a-t-il pas trouvé satisfaction au milieu de ces chants érotiques? Son ame s'est sentie capable encore de plus d'amour. Le dieu de Cythère ne lui a paru qu'un joli mensonge : les blessures mêmes qu'il fait ne sont pas durables. Le poète est demeuré comme un convive non rassasié; il est sorti du banquet l'estomac vide et les lèvres altérées.

Et n'y aurait-il pas dans le monde un amour infini, un amour dont les promesses ne passent pas comme une ombre, capable de rassasier la plénitude de notre être, un amour sans ailes et digne de l'homme? Thomas Moore a répondu par son œuvre.

C'est une œuvre de catholique, mais ingénieuse, bien divisée, pleine d'esprit et de saillies, semée de curieux épisodes, avec assez de science pourtant; en un mot, un traité tel qu'on peut le faire de nos jours, où l'on n'aime guère les gros livres et la théologie.

C'est, à dire vrai, un petit manifeste contre le protestantisme; ce qui précisément explique son peu de succès en France. Chez nous il n'y a plus assez de foi pour qu'on aille s'enquérir du protestantisme. Qui abandonnerait la transsubstantiation catholique pour embrasser la consubstantiation luthérienne? Qui se soucie de l'ubiquité ou de la grace inamissible? Calvin lui-même y perdrait sa peine : ce sont là des paroles d'une autre époque. La lutte s'est simplifiée, les principes ont enfanté leurs conséquences; la lutte est aujourd'hui entre la foi complète et le doute absolu, entre la raison soumise et la raison livrée à tous ses caprices.

En Angleterre, les choses n'en sont pas là; le scepticisme ne s'y est pas encore établi en maître. Bien que ce pays ait vu naître le demi-dieu du doute, lord Byron, il n'en est pas moins attaché à l'ancienne foi. Cet effet est dû aux mœurs anglaises, à ces mœurs si tenaces et si pointilleuses. Il y a chez beaucoup d'Anglais un esprit national qui leur fait défendre leur système religieux, non parce qu'il est bon, mais parce qu'il est utile.

Par amour de l'ordre, ils rejettent toute question qui pourrait troubler l'Etat : chose excellente sous un point de vue, et mauvaise sous un autre ; car une erreur bien que consacrée et maintenue ne peut durer.

Ajoutez l'influence puissante du clergé anglican, influence plutôt matérielle que morale, et qui se manifeste par des richesses et des dignités. Ces prélats mondains se sont fait un rempart de lois et de formulaires. C'est ainsi qu'ils se défendent et qu'ils tâchent de faire confondre leur intérêt privé avec l'intérêt général.

Et un Irlandais oser attaquer ce clergé ! un Irlandais écrire un pareil livre ! c'est là une audace, une étrangeté qui ne sera jamais pardonnée à Thomas Moore ; aussi plusieurs écrivains ont-ils pris à la fois le soin de le réfuter. Cet ouvrage, qui a paru peu de temps après le bill d'émancipation, a été reçu comme un pamphlet ; il a mis en émoi tout le clergé anglican.

Peut-être est-il vrai de dire qu'il était destiné à cela. Il y a dans les expressions de l'auteur une certaine dureté, une certaine aigreur qui font présumer qu'en écrivant il n'a pas toujours été de sang-froid. Il ne passe rien au protestantisme

science et ridicule, il emploie tout, et nulle expression, comique ou injurieuse, ne lui paraît trop forte.

Cela s'excuse aisément lorsqu'on songe à la
position respective du clergé anglican et des catholiques d'Irlande. Le bill d'émancipation a dû exciter
un long cri de joie chez ces hommes qu'une
politique haineuse opprimait sans pitié, auxquels
on avait tout enlevé, science et richesses, et qui
n'avaient presque d'autre loi que celle du sabre.

Ne vous étonnez pas maintenant si l'esclave qui
a brisé sa chaîne (car les Irlandais ont *conquis*
leur émancipation) vient insulter à son maître et
lui dire en face quelques grosses injures.

Estimable qu'il est, Thomas Moore, de n'avoir
pas oublié son pays, de n'avoir pas fait comme
certains Irlandais qui rougissent du sol qui les a
vus naître, et de n'avoir point asservi sa pensée
aux coteries de Londres.

Le protestantisme est une espèce de Protée très
difficile à saisir; car il n'est pas un, mais multiple.
Cependant l'auteur nous le dépeint fort bien; il va
le chercher jusqu'en Allemagne. Il donne aussi
des détails curieux sur l'église anglicane, détails
que pouvait seul fournir exactement un habitant
de la Grande-Bretagne.

Au reste, qu'on ne s'imagine pas que ce livre soit vraiment un livre de théologie ; c'est un poète qui l'a écrit, et ce mot seul indique comment la chose a pu être prise. Il a mis de l'esprit là où peut-être il n'y en avait guère eu jusqu'à présent ; il a déguisé la matière, l'a assouplie et lui a donné une forme gracieuse sur laquelle on repose agréablement la vue. Il y a de charmans épisodes, délicats, fins, pleins d'esprit ; il y en a d'une sensibilité exquise et qui va au cœur.

Voici maintenant le sujet ou le canevas de l'ouvrage.

L'auteur fait agir et parler un gentilhomme irlandais ; il se déguise sous son nom et s'efface derrière lui : nous respecterons sa volonté.

Le 16 avril 1829, jour où l'on apprit à Dublin que le roi avait sanctionné le bill d'émancipation des catholiques, notre gentilhomme irlandais se promenait seul dans sa chambre à grands pas. C'est qu'il faisait partie de ces sept millions d'hommes que la loi venait de rendre à la vie civile, politique et religieuse. Puis, par une exclamation bizarre, il proféra ces paroles : « Dieu merci ! je puis maintenant, si je veux, devenir protestant. »

En effet, il se trouvait libre des persécutions

attachées au titre de catholique, et de ce point d'honneur qui l'avait retenu jusque-là au sein d'une église persécutée.

Mais quel motif si puissant pouvait l'engager à embrasser le protestantisme, alors même qu'une mesure émancipatrice venait rendre à la vieille foi de ses pères la dignité et la liberté?

Il en avait de plusieurs natures et de fort attrayans : le christianisme dans toute sa pureté primitive, une perspective de cinquante mille livres de rentes, et encore. . . . . Mais le lecteur saura cela plus tard.

Notre Irlandais se met donc à la recherche du protestantisme : mais lequel embrasser? il y en a tant (*). La chose n'est pas aisée. Enfin il se résout à porter ses investigations dans les premiers siècles de l'Eglise.

De même qu'un ruisseau est d'autant plus clair qu'il est plus près de sa source, ainsi c'est en se

----

(*) « Saint Augustin, dans son Traité des Hérésies, compte 90 hérésies différentes qui, depuis l'ère chrétienne, s'étaient élevées pour réformer l'Eglise. Entre saint Augustin et Luther, il parut 180 nouvelles hérésies; depuis Luther jusqu'en 1595, il en a paru 1517. Staphyles, Hosius, Prateolus et autres écrivains modernes comptent 270 sectes nouvelles, venues toutes pour réformer ce qui existait quelques jours ou même quelques heures auparavant. » Doct. Carier, *Motifs de conversion à la foi catholique*, 1649.

rapprochant des anciens âges que l'on doit trouver
la doctrine la plus pure.

Il se place donc au milieu des in-folio, et des
in-folio de théologie : courage sublime par le temps
qui court ! Et lancé sur cette mer-morte d'érudi-
tion, il tâche de naviguer vers l'étoile qu'appellent ses vœux.

« Puisque les protestans, dit-il, se vantent d'avoir rendu
« le christianisme à sa pureté primitive, il était naturel de
« penser que parmi les premiers chrétiens je trouverais les
« meilleurs protestans. Dans cette espérance, je commençai
« par l'ère apostolique de l'Eglise, et je continuai mes recher-
« ches dans les quatre premiers siècles qui, comme les degrés
« de l'échelle de Jacob les plus voisins du ciel, devaient avoir
« été le plus vivement et le plus immédiatement éclairés des
« rayons de la divine lumière. Quel fut en définitive le résul-
« tat de cette étude inquiète et consciencieuse ? Pendant toute
« cette période si pure, ai-je découvert dans l'Eglise un seul
« protestant ? ai-je pu saisir le moindre germe d'une doctrine
« anti-catholique ? Où l'aurais-je trouvé ? Serait-ce dans les
« bonnes œuvres et le jeune hebdomadaire de saint Barnabé et
« d'Hermas, ou dans la présence réelle et le changement des
« élémens soutenus par saint Ignace et saint Justin ? Est-ce
« dans ce respect que le premier de ces saints martyrs té-
« moigne pour les traditions orales de l'Eglise, et dans le culte
« que les chrétiens qu'il avait instruits rendirent à ses cen-
« dres et à celles de saint Polycarpe ? Saint Irénée est-il ins-
« piré par le protestantisme, lorsqu'il réclame pour le siége

« de Rome la supériorité de pouvoir sur toutes les autres
« Églises, ou lorsqu'il prononce que l'oblation du corps et du
« sang sur l'autel est le sacrifice de la nouvelle loi ? . . . . Il n'est
« aucune de ces doctrines ou de ces observances que les pro-
« testans rejettent maintenant comme papistes qui n'ait été
« professée et pratiquée, sur la double autorité de l'Écriture
    et de la tradition, par toute l'Église du Christ, pendant les
« quatre premiers siècles.

    « Tandis que je trouvais le catholicisme, ou, si vous voulez,
« le papisme parmi les orthodoxes de ces temps anciens, quel
« est celui chez qui j'ai découvert les doctrines du protes-
« tantisme ? Que l'ombre de Simon-le-Magicien, ce père du
« calvinisme, apparaisse et réponde. Interrogez les Caphar-
« naïtes, et qu'ils vous répètent l'insolente question qu'ils
« faisaient au Seigneur : Comment pourra-t-il nous donner sa
« chair à manger? Allez demander aux Gnostiques qu'avec leur
« foi au mariage du Saint-Esprit et à ses enfans, ils vous pro-
« duisent leurs doctrines de l'élection, de la persévérance, des
« décrets immuables, etc., etc.; ils seront suivis des Mani-
« chéens, qui vous apprendront l'entière corruption de la
« nature humaine et la perte du libre arbitre. Que les Do-
« kètes et les Marcionites vous apportent leur eucharistie où
« il n'y a ni corps ni sang. Appelez Novatien, Aérius, Vigi-
« lance et consorts, ils protesteront contre la tradition, les
« prières pour les morts, l'invocation des saints et le culte
« des reliques. En un mot, convoquez toutes les variétés d'hé-
« rétiques et de schismatiques qui, dans ces premiers siècles,
« vinrent étaler leurs bigarrures contre l'Église, que chacun
« d'eux arrive avec son contingent d'erreurs ; et je vous
« réponds qu'il en sortira un corps de doctrine protestante
« si complet, qu'il aurait pu épargner aux réformateurs de

« Wittemberg et de Genève tout l'embarras de leur mis-
« sion (*) . . . .

« Ainsi les deux parties, l'Eglise catholique d'un côté, et
« de l'autre tous ceux qui protestent contre elle, ont toujours
« conservé dans tous les siècles la même position. Les an-
« ciennes vérités demeurent immuables, et les anciennes
« erreurs, comme des coupables souvent découverts, se
« remontrent de temps en temps, mais sous d'autres noms. » ...

Il semble qu'arrivé là, notre gentilhomme devait renoncer à trouver le protestantisme chez les
orthodoxes. Cependant il n'en fut pas ainsi; c'est
qu'il avait un motif puissant, motif invincible auquel une personne bien née ne pouvait pas résister : je veux dire les yeux languissans et tendres
d'une jeune calviniste.

Cette demoiselle était très zélée pour la réforme.
Elle brûlait de l'amour de Dieu et de l'ardeur du
prosélytisme. De temps en temps elle prenait le
jeune homme sous son bras, et l'attirant du côté
de la rivière, sous des arbres touffus, au bord de
l'eau, elle lui parlait tendrement du ciel et des
abominations papistes. Ses yeux en disaient encore plus que sa bouche : jamais peut-être on ne
vit plus singulièrement réunis Cupidon et Calvin.

(1) Pag. 182 et suiv.

Cette fille si aimante pouvait disposer du rectorat
de Ballymudragget, rectorat de deux mille livres
sterling de revenus; et, dans son langage mysti-
que, elle semblait offrir à la fois le salut et sa dot
au gentilhomme irlandais. Le seul obstacle était
ce malheureux papisme, cette religion qui, selon
une charitable définition protestante, est « *idolâ-
tre, damnable, sanguinaire, traître, superstitieuse
et pleine de blasphèmes* (*) ».

C'était poussé par cet argument irrésistible que
notre Irlandais s'était mis à la piste du protestantisme.

Mais, peu satisfait de ses recherches et de la lecture des pères de l'Eglise, et momentanément
éloigné de sa belle amie par ses courses théologiques et ses travaux de bibliothèque, il s'enhardit
jusqu'à lui écrire et à lui avouer ingénument qu'il
avait trouvé toutes les abominations papistes dans
les premiers siècles de l'Eglise, appuyées même
des autorités les plus imposantes et des noms les
plus révérés.

Miss *** en fut affligée; mais, loin de désespérer
du succès de la bonne cause, elle répondit par une

______

(*) Résolution d'un protestant qui déduit les raisons qui l'em-
pêchent d'être papiste, etc.

lettre grave et sensible, trop intéressante pour que
nous en privions le lecteur :

« Après avoir déclaré que, comme je pouvais bien
« le concevoir, elle avait « fatigué le Seigneur de
« ses paroles » (*Malachie*, 2 - 17) en ma faveur,
« elle m'assurait que sa sollicitude ne cessait ni
« jour ni nuit, désirant toujours arracher du feu
« ce « cher tison » (sa tendresse se servait de ce
« terme de l'Ecriture pour désigner mon ame). Elle
« me disait ensuite que dès le commencement elle
« avait craint qu'en cherchant « la parole du seul
« Saint » (*Isaïe*, 15 - 24) chez les pères, je ne fisse
« que vouloir « cueillir des raisins sur des épines
« et des figues sur des ronces » (*Matth.* 7 - 16).
« Elle ne se rappelait pas avoir jamais connu les
« pères ailleurs qu'à la table de ma famille; plu-
« sieurs fois elle avait eu l'avantage d'y rencontrer
« les révérends pères O'Toole et Longhlin. Il lui
« semblait que moins il était question de *tels* pères
« de l'Eglise, mieux cela valait.

« Après quelques autres preuves de sa science
« sur les pères, Miss *** continuait. Son désir eût
« été que je pusse pour quelque temps me « sé-
« parer de cette corruption des païens » (*Esdras*,
« 6 - 21) dans laquelle les relations de ma famille

« m'engageraient toujours tant que je demeurerais
« en Irlande. Quelque douleur qu'elle ressentit
« d'être éloignée de moi, même pour peu de temps,
« elle désirait si vivement que « l'ame de sa tour-
« terelle (c'était moi qu'elle désignait) ne fût pas
« livrée aux méchans » (*Ps.* LXXIII, 19), elle était
« si jalouse de « chasser loin de moi mon iniquité
« et de me revêtir d'un nouveau vêtement » (*Za-*
« *charie,* 3 - 4), que jusqu'à la venue de l'heureux
« jour où nous devions « être unis l'un à l'autre »
« (*Daniel,* 2-43), elle me conseillait sérieusement
« de me rendre dans quelque « terre de justice »
« (*Ps.* CLII, 10), comme la terre de Luther ou de l'im-
« mortel Calvin. Là, hors de la puissance de « la
« mère des fornications » (*Apocal.* 17-5), je pourrais
« me nourrir des paroles de la foi et de la bonne
« doctrine » (I. *Timothée* 4 - 6), et devenir enfin
« digne de cette « grasse portion » (*Hab.* 1 - 16)
« qui m'était préparée et qui serait « rendue double
« pour moi comme pour les prisonniers de l'es-
« pérance » (*Zacharie,* 9 - 12). » — On voit qu'il
s'agissait de son aimable personne et de Ballymudragget (*).

(*) Pag. 194 et suiv.

Cette idée d'aller en Allemagne frappa notre gentilhomme; et, las d'errer dans le silence et dans la poudre des bibliothèques, il crut que parmi des hommes protestans en chair et en os il pourrait plus aisément et mieux s'instruire. D'ailleurs ne trouverait-il pas dans le pays même et sur cette terre sacrée le *genius loci ?*

Le voilà donc parti. Il débarque à Hambourg et arrive à Gœttingue; la célèbre université de cette ville l'y attirait. Notre voyageur n'avait rien vu sur sa route : sa tête entière était pleine d'argumens théologiques; aussi le seul souvenir que lui rappela sa mémoire fut celui d'Anne-Marie Schurman, excellente protestante, et de son amant, le fameux Labadie.

Il eût bien voulu préparer son ame à l'évangile de Luther par un pélerinage à quelques-uns des lieux qui sont liés à la gloire de son nom; mais l'affaire de son salut était trop pressante pour lui.

« Il aurait pu, par exemple, visiter la cellule d'Erfurt, où
« l'humble moine de Saint-Augustin, qui devait ensuite tonner
« contre le Vatican, avait coutume de venir jouer de la flûte,
« afin de consoler les intervalles solitaires de ses exercices de
« piété; ou bien encore les ruines pittoresques de Wartbourg,
« à l'abri desquelles il se dérobait aux poursuites de ses enne-

« mis, et qu'il nomma son Pathmos, se comparant, dans la
« modestie de son cœur, à saint Jean. . . . . . .

« Ce fut pendant qu'il était à Wartbourg, occupé de sa
« fameuse traduction du Nouveau Testament, que Luther se
« crut souvent visité par le diable, sous la figure d'un grand
« barbeau. Le visiteur bien connu ne put cependant le dé-
« ranger de ses travaux bibliques; car Luther, qui (pour
« emprunter les expressions d'un voyageur spirituel) con-
« naissait Satan sous tous ses déguisemens, le rebuta coura-
« geusement; et enfin impatienté de ce que ce diable caché
« bourdonnait sans cesse autour de sa plume, il se leva, et
« s'écriant : *Willst du dann nicht ruhig bleiben ?* (Ne res-
« teras-tu donc pas tranquille ?) il lança son immense écritoire
« contre le prince des ténèbres (*). »

En arrivant à Gœttingue notre Irlandais se hâta
de faire usage de quelques lettres de recommandation qui lui avaient été remises par ses amis.
Une de ces lettres lui procura la connaissance du
premier professeur de théologie de l'université,
M. Scratchenbach. Il n'était pas possible de faire
une rencontre plus utile au but de son voyage;
et, comme le désir avoué du jeune homme était,
à tout prix, de devenir protestant, le professeur
crut devoir le soigner d'une façon paternelle.

Au reste, tout fanatisme s'éteint aux frontières
de l'Allemagne. De nos jours, un calme philoso-

(*) Pag. 229 et 23o.

phique a succédé à l'aveugle ardeur des partisans de la réforme. Le raisonnement a accompli son œuvre, et l'Allemagne du dix-neuvième siècle n'est plus celle du seizième. Si les héros de la réforme, si Luther et autres revenaient à la vie, ils rougiraient de leurs partisans et ne pourraient reconnaître leurs doctrines toutes de feu et d'ame sous cette écorce glacée du rationnalisme.

Mais laissons parler les hommes; écoutons le docteur Scratchenbach. Voici un résumé succinct de ses leçons, lequel présente d'une manière fort nette l'état des idées des théologiens d'Allemagne.

—« Entre le prêtre et le philosophe, dit-il, ou, en d'autres termes, entre le partisan de l'autorité de la foi et le défenseur du libre exercice de la raison, il y aura continuellement, et sous tous les systèmes de croyance, un principe de guerre.

« Ce principe donnera nécessairement lieu à une lutte violente et ouverte, tant que l'Etat n'interposera pas la force de son bras en faveur de l'une des deux parties, ou que les deux camps opposés ne parviendront pas à s'unir par un compromis mutuel en une puissante coalition.

« Ces deux forces parallèles existent toujours simultanément. Dès la naissance du christianisme,

on rencontre des exemples de l'appel fait *à la raison*. Les hérésies ne sont pas autre chose et ne se
fondent pas sur un principe différent. On se sou-
vient des Gnostiques, des Marcionites, des Ariens,
etc...

« D'autre part, l'autorité de la foi se manifeste
par des conciles et condamne incessamment toutes
ces hérésies.

« Durant le moyen-âge, *la raison* trouva un refuge
chez les hérétiques. Il y eut bien aussi quelques
philosophes, mais ces philosophes étant chrétiens
faisaient un usage fort rétréci du principe rationnel.

« Luther est le premier qui, en face de l'Eglise
catholique, ait proclamé d'une manière solennelle
l'appel à la raison. Il soutint que le jugement particulier devait être le seul juge et le seul guide en
matière de foi. Dès que cette vérité eut été ainsi
proclamée, le triomphe de la raison sur la super-
stition fut certain.

« A proprement parler, c'est l'unique service
qu'il ait rendu à la cause de la réforme; car lui-
même fut très intolérant envers ceux de ses partisans qui ne voulurent pas le suivre dans toutes
ses bizarres conceptions théologiques : la violence
de son caractère est connue.

« Mais comme réformateur Luther possédait de grandes qualités; il était taillé pour cette œuvre. Hardi, véhément, emporté, il avait une fougue, une verve qui entraînait tout. Peu scrupuleux, raillant ses ennemis, homme de parole et d'action, il savait soulever les masses. Rien n'égala sa popularité. Il affectait des manières semblables à celles du peuple; il était gai, bouffon, plein de saillies. On connaît les anecdotes qui couraient sur son verre à deux pintes; et c'était avec joie que les réformés lui voyaient jeter le froc, et abjurer le papisme dans les bras de sa belle Catherine de Bore.

« Il existe encore aujourd'hui en Allemagne une chanson qui le dépeint sous cet aspect populaire :

« Buvons, et chantons ce que disait Martin Luther : Celui « qui n'aime pas le vin, les femmes et la musique, reste fou « toute sa vie ; et nous ne sommes pas des fous. »

« Si Luther a été bon pour détruire, a-t-il eu la force d'édifier, de régénérer?... Non.

« Ses dogmes de la consubstantiation, de la justification par la foi seule, de l'ubiquité, sont des dogmes mort-nés.

« Calvin n'a pas été plus heureux que lui comme fondateur. Les doctrines qu'il voulut introduire étaient en contradiction avec le caractère et les

attributs de Dieu ; car que dire de moins de son
mystère de l'élection et de la réprobation? Mystère
dont on ne saurait pénétrer les sombres détours
sans frissonner, et qui ferait du Tout-Puissant un
être que ses élus mêmes ne pourraient aimer.

« Le véritable promulgateur du rationnalisme,
c'est Zwingle.

« Quoiqu'il n'ait pas étendu les conséquences
du principe au delà de certaines bornes, ses successeurs, usant des mêmes armes, ont toujours
naturalisé la foi de plus en plus.

« C'est ainsi que le christianisme s'est simplifié
et amélioré graduellement, semblable à une matière première qui en passant par diverses mains
devient enfin sans tache, belle et polie.

« Purifiée graduellement par le labeur des Ar-
miniens, des Sociniens et des Unitaires, la religion, jadis inintelligible, est arrivée à cet état de
croyance si net, si simple, si pur de tout mystère,
si dégagé de controverse, sous lequel elle s'offre
aujourd'hui dans le symbole rationnalisé de nos
sectes protestantes.

« Autrefois les églises d'Allemagne, passionnées
pour l'infaillibilité de l'Écriture, soutenaient qu'elle
avait été dictée tout entière, mot à mot, par le

Saint-Esprit, que même les points hébraïques et
les accens étaient inspirés. Or, maintenant le principe rationnel a opéré un tel changement, que ces
mêmes églises rejettent toute inspiration quelle
qu'elle soit, et elles ne voient plus dans le corps
entier des Ecritures, depuis le commencement
jusqu'à la fin, qu'une série de documens respecta-
bles sans doute, mais néanmoins humains et par
conséquent faillibles.

« Naguère nos théologiens enseignaient que l'ancien Testament contient la foi chrétienne aussi
bien que le nouveau ; ses prophéties étaient pour
eux une histoire anticipée de la mission du Christ.
De nos jours, une théologie plus sévère a brisé
toute connexion entre les deux codes. Les prophéties appliquées jusque-là au Sauveur sont entendues de l'état futur des Juifs. Les événemens
miraculeux de l'ancien Testament ne sont plus
regardés que comme des figures et des rêves. Les
faits historiques sont expliqués comme des allé-
gories, ou rejetés comme des impostures ; et le
récit Mosaïque de la création et de la chute de
l'homme n'est autre chose qu'une fiction mytho-
logique.

« Le nouveau Testament a été traité lui-même

sans cérémonie; on sait comment Luther en a usé envers l'épître de saint Jacques. Mais la plupart des épîtres sont remplies d'erreurs grossières et d'interpolations introduites au commencement du second siècle; et Bretschneider a prouvé que toutes les épîtres, et l'évangile même de saint Jean, étaient des productions de quelques gnostiques de ces-temps là.

« Quant aux trois évangiles restans, nos critiques s'efforcent de démontrer qu'ils ne sont pas l'œuvre des écrivains dont ils portent les noms; ce sont simplement des transcriptions ou des traductions de documens antérieurs. Ainsi, les chrétiens qui réfléchissent sont livrés à de pénibles doutes, ignorant si les mains qui ont copié ne peuvent pas avoir interpolé.

« Sur plusieurs points, par rapport aux possessions diaboliques par exemple, il est évident que le Christ s'est prêté lui-même aux préjugés de ses auditeurs.

« Relativement aux miracles, la question est plus difficile; voici ce qu'en pensent nos théologiens : le plus souvent ils n'y voient qu'une simple exagération d'un phénomène naturel; quelquefois, comme lorsque Jésus marche sur la mer, ils interprêtent le texte et prouvent que le merveilleux ne doit son origine qu'à une préposition mal traduite (*); ou bien même, confondant la célébrité de Jésus avec celle du charlatan Mesmer, ils attribuent les cures merveilleuses qu'il a pu faire, aux effets du magnétisme animal.

« Ainsi, cet appareil de merveilles qu'on avait rassemblé comme un cortége nécessaire à la divinité du Christ, est congédié maintenant avec cette divinité elle-même : le seul miracle qui ait encore conservé quelque empire sur notre foi, est celui de la résurrection, que la nature humaine se sent portée à croire en dépit de tout raisonnement; aussi peu de nos théologiens ont été assez hardis pour le mettre en question.

« Notre méthode pour résoudre les inconséquences de la doctrine, est simple comme la plupart de celles qui ont une action puissante : elle consiste à admettre que le Christ n'a pas voulu quelquefois heurter les opinions du vulgaire. Ainsi, lorsque les préceptes évangéliques ne sont pas

---

* D'après la solution de ce miracle, que nous devons à un *professeur de théologie*, Paulus, les mots Επι των θαλασσαν περιπατουντα doivent être traduits, marchant *près* de la mer, au lieu de marchant *sur* la mer.

conformes à la saine raison, nous les modifions en les attribuant à une politique de circonstances.

« Enfin, le rationnalisme a fait de tels progrès en Allemagne, que dans ce pays (en y comprenant la Suisse) qui a vu la naissance, les progrès et les excès de la réforme, où l'intolérance a autrefois immolé des victimes, où Pestelius fut condamné à mort par les juges de Wittemberg uniquement parce qu'il ne s'accordait pas avec eux au sujet de l'eucharistie, où Calvin conduisit Servet au bûcher, et où les réformateurs de Berne décapitèrent Gentilis, qui ne pensait pas comme eux sur la trinité; dans ce même pays, la trinité, la nature supérieure du Christ, la personnalité du Saint-Esprit, la rédemption, etc., sont rejetés par le plus grand nombre des protestans, comme des fictions et des absurdités.

« Pour terminer et couronner cette série de contrastes que l'Allemagne du dix-neuvième siècle présente avec celle du seizième, il reste à signaler la coalition extraordinaire qui, depuis peu d'années, s'est établie entre les deux principales sectes qui divisèrent la réforme dès les commencemens. L'église luthérienne est peut-être de toutes celles qui ont existé la plus intolérante : elle a persécuté,

emprisonné, exclu même du salut, comme hérétiques (*), les membres de son église-sœur, la calviniste ou réformée; et de plus elle nourrit dans
son sein un principe de discorde qui a fait déchirer entre eux ses propres enfans.

« Eh bien! cette église a conclu, depuis un petit
nombre d'années, grace au pouvoir calmant du
rationnalisme, une paisible coalition avec son
ancienne ennemie, et maintenant elle partage
amicalement avec elle les mêmes temples, les
mêmes ministres, les mêmes sacremens.

« A la gloire éternelle de la raison, le monde
contemple aujourd'hui le spectacle édifiant de
deux religions autrefois hostiles, actuellement
paisibles et partageant le même symbole. Il est
vrai que de part et d'autre la foi a été tellement
simplifiée et est devenue si rationnelle, qu'il reste
bien peu de dogmes sur lesquels il soit possible
de discuter, quelque envie qu'on puisse en avoir.

« C'est à Zwingle, nous le répétons, que sont
dues les conséquences de ce que nous venons de

____

(*) Les prédicateurs luthériens donnaient le titre d'Antechrist
du pape à Calvin; et parmi les prières de la liturgie luthérienne,
on lisait : « Réprimez, Seigneur, les Turcs, les papistes et les cal-
« vinistes. »

décrire. Le sens propre et littéral de l'Écriture ne devant jamais être en contradiction avec son interprétation rationnelle, Zwingle était arrivé à cette conséquence, que si les mots pris littéralement présentent quelque chose d'inconciliable avec la raison, il faut résoudre la difficulté en ayant recours au sens métaphorique : en d'autres termes, que ce qui est incompréhensible doit être tenu pour incroyable.

« C'était ce principe que Zwingle appelait sa *margarita felix*; c'est à lui et à l'application plus franche qu'en firent d'autres réformateurs, que sont dus tous ces brillans et féconds résultats (*). »

— Telle est l'analyse des leçons du professeur. On peut voir s'il a réellement droit de se féliciter de ces résultats.

A force de simplifier et de rationnaliser le christianisme, les dogmes principaux se sont trouvés écartés. Qu'est-ce donc que le christianisme sans le dogme de la déchéance et de la réhabilitation, sans la rédemption ni la médiation du Christ? A dire vrai, ce n'est plus aujourd'hui en Allemagne qu'un système philosophique, adopté par le sens

____

(*) Pag. 234 et suiv. jusqu'à 304.

commun, respecté encore du peuple, mais que les hommes qui pensent, les savans, changent sans hésiter contre tout autre système philosophique, par exemple celui de Fichte ou de Hégel.

Nous pouvons répéter ce qu'un écrivain distingué a dit (*) : « La vie de l'Allemagne depuis le seizième siècle est une descente graduelle de la théologie à un système d'incrédulité. »

On a appelé la raison à interpréter la Bible, on a voulu en faire l'unique règle de la foi ; et sur un texte composé de quatre mots (*hoc est corpus meum* (**), il y a eu des débats interminables, on a écrit des milliers de volumes. Ce texte paraît cependant fort clair et fort simple ; eh bien ! avant la fin du seizième siècle, il en avait déjà été donné deux cents interprétations différentes.

Enfin le professeur nous apprend un fait curieux : c'est qu'à force de *science* , l'Allemagne en est venue à douter de la Bible elle-même. Elle n'ose affirmer, mais elle laisse entendre que toutes ces œuvres bibliques sont des documens humains et par conséquent faillibles.

(*) M. Pusey, *Recherches historiques*.

(**) Ceci est mon corps.

Chose étrange! les descendans de ces mêmes hommes qui proféraient ce cri : « La Bible, toute la Bible, rien que la Bible! » en sont arrivés au point d'ignorer si la Bible elle-même n'est pas un document douteux et erroné!

Dans l'ardeur de la réforme et pour contrarier l'Eglise et la doctrine catholique, on avait voulu prouver que ce livre était la seule règle, la seule lumière qu'on dût suivre. Soutenir son inspiration dans chaque mot et dans chaque syllabe, fut alors pour le parti une affaire d'honneur. La conséquence a été celle de tout ce qui est extrême : on voit les successeurs des mêmes hommes qui croyaient que la Bible était *tout*, la dégrader peu à peu jusqu'à la réduire à *rien*.

Dès qu'on a fait le premier pas hors de l'enceinte de l'Eglise catholique, de conséquence en conséquence on va plus loin qu'on ne le voudrait. Nous voyons, dans le drame de la réforme, les sectes se pousser l'une l'autre et se dépasser réciproquement. C'est en vain que les chefs posent une borne, un *nec plus ultrà*; à leur côté même s'élève un novateur plus hardi, qui s'avance et détruit encore un des monumens de l'ancienne foi.

Ce qui a fait dire à un auteur anglais, avec beaucoup de sens : « Je tremble de l'énoncer, mais le premier pas fait pour se séparer de l'Eglise de Rome est le premier pas vers l'infidélité. »

Les savans ont découvert, dans de vieux livres oubliés, quelques indications, quelques allusions, quelques suppositions malveillantes, et ils en ont induit que la Bible pouvait bien n'être qu'une œuvre humaine. Les hérétiques ont toujours usé de pareilles armes, et les savans n'ont eu besoin pour les trouver que de recourir aux accusations des Gnostiques et des Marcionites ; leur tâche était déjà toute faite.

Mais ils ne font pas attention ou ils ne veulent pas voir que pour un auteur qui met en doute, il y en a cent qui affirment, et que sur ce point il n'y a rien de plus unanime que le témoignage de la tradition.

Car il est à remarquer que dans cette controverse les deux parties se servent d'un ordre d'argumens dont chacune d'elles conteste respectivement la force. Les catholiques en appellent à la tradition ; ils pensent que l'authenticité des livres saints étant un fait historique, elle doit être discutée et prouvée comme les faits, c'est-à-dire par le témoignage.

Or, les témoins, ou contemporains ou très rapprochés, s'offrent en foule, et leurs dépositions sont unanimes. Les rationnalistes, au contraire, fidèles à leur système d'*individualisme*, veulent juger ce fait par leurs seules lumières; discutant peu les preuves de la tradition, ils s'attachent à une multitude de petites difficultés tirées des caractères intrinsèques de l'ouvrage : ainsi une légère différence de style leur suffira pour prononcer que deux épîtres n'appartiennent pas à la même main.

Un fait d'une nature différente que nous présente l'histoire de la réforme, est celui-ci; il n'est pas inutile de le noter : c'est que les dogmes soutenus par Calvin, ceux de l'élection nécessitante et de la réprobation, dégradent l'homme, lui enlèvent toute moralité, toute dignité.

Que signifie cette doctrine de la prédestination à l'enfer? Que voulez-vous que fasse celui qui s'y croit prédestiné? Peut-il ou ne peut-il pas y échapper? Et s'il ne peut pas y échapper, est-il de la justice divine de le punir?

Ce dogme, autant que celui de la grace nécessitante, est un blasphème. Il ôte aux actions de l'homme leur caractère de bien ou de mal; il le dépouille de toute liberté, de toute personnalité.

Les disciples de Calvin et de Bèze lui donnèrent successivement des couleurs plus sombres, jusqu'à ce que ce dogme atteignît enfin sa pleine consommation au synode de Dordrecht, sous les auspices du docteur justement appelé *Dam-man* (Damne-l'homme) (*).

Le libre arbitre trouva des défenseurs à Rome ; les papes soutinrent dignement les droits de la personnalité humaine.

— Nous voici bien loin de notre gentilhomme irlandais, moins loin pourtant que nous ne pensons. Il assistait d'une oreille avide aux leçons du professeur Scratchenbach ; mais lorsqu'il eut vu se développer devant lui toutes ces doctrines, il en demeura triste et consterné.

Pas de moyen maintenant de devenir protestant !

-- Et la future rectoresse de Ballymudragget ?... Et la maison, et les terres ?.. Et les cinquante mille livres de rentes ?....

C'est tout au plus si notre héros désappointé

* Il fut alors établi qu'il n'était pas de péché, quelque léger qu'il fût, qui ne méritât les tourmens éternels ; et, d'un autre côté, que quelle que fût la multitude des péchés que commissent les élus, ils ne pouvaient être privés de l'éternelle béatitude.

trouve à égayer sa mauvaise humeur sur les premiers réformés et leurs mariages.

Il parle de la savante et pieuse Anne-Marie Schurman et de son amant, Labadie, lequel se faisait appeler Jean de Jésus; d'OEcolampade, le premier prêtre réformé qui se soit donné le luxe séculier d'une jolie femme; au sujet de quoi Erasme disait dans une de ses lettres: « Quelques-uns appellent le luthéranisme une tragédie; moi, je l'appelle une comédie, dont le dénouement est généralement un mariage. »

Le sévère Calvin épousa une dame dont le nom était Ideletta. Martin Bucer, ci-devant moine dominicain, épousa successivement trois femmes.

Mais ce qu'il y a de plus remarquable, c'est le puissant Martin Luther et sa belle Catherine de Bore. Cette jeune beauté s'échappa du couvent, un jour de vendredi saint, avec huit autres nonnes: on raconte certaines histoires scandaleuses, probablement fausses, au sujet de sa conduite d'alors parmi les étudians de Wittemberg ; Luther même ne fut pas à l'abri des soupçons (*).

(*) Il dit dans une de ses lettres : *Os obstruxi infamantibus me cum Catharinâ Boranâ.*

Voici comment eut lieu ce singulier mariage. Sans faire part de son projet à ses amis, il invita à souper Catherine de Bore, un prêtre, un homme de loi et un peintre; ce dernier était aussi bien que les autres appelé comme partie nécessaire : il devait faire le portrait de la fiancée. Ainsi Catherine de Bore devint en peu d'instans *Madame Luther*.

Passons maintenant à autre chose. Thomas Moore termine son ouvrage par un aperçu de l'état du protestantisme dans la Grande-Bretagne. Cet aperçu est vraiment curieux, d'autant mieux que tracé par un Anglais même, il a le mérite de la justesse et de l'exactitude.

Il n'est pas inutile d'en donner un extrait :

— « Le protestantisme anglais a de grandes ressemblances avec le protestantisme allemand : même caractère chez les réformateurs, mêmes effets, même marche.

« Henri VIII est non moins fougueux que Luther, non moins emporté, non moins intolérant; c'est Luther sur le trône. Crammer nous montre toute la souplesse et l'hypocrisie de Bucer.

« D'un côté, le landgrave de Hesse épouse deux femmes à la fois, et ce scandaleux mariage est autorisé par les propres signatures de Luther, de Bucer et de Mélanchton ; de l'autre, Henri viii prend six femmes, non pas il est vrai en même temps ; mais lorsqu'il est dégoûté d'une, le divorce ou l'échafaud lui donnent la faculté de se remarier. Ces noces sanguinaires sont approuvées, bien plus sont concertées par Crammer et Cromwell.

« On ne trouve pas chez les théologiens anglais cet esprit de dispute et de subtilité qui fit de la théologie en Allemagne une arène de discorde ; mais la raison de cette différence est aussi facile à assigner qu'elle est humiliante : l'église anglicane, prosternée devant le trône, n'avait de volonté et d'opinion qu'au signe du monarque ; Henri viii était roi et pape de son église ; l'Angleterre était une espèce de théocratie, et le devoir du clergé consistait à croire tout ce qu'il dictait et à se taire.

« C'est à ce servile abaissement qu'il faut attribuer la facilité de se rétracter et de s'abjurer, qu'une pratique fréquente fit acquérir à quelques-uns des théologiens anglais les plus distingués. Le spécieux Crammer souscrivit jusqu'à six rétractations, et Latimer dépassa ce nombre de deux ou de trois. Mais ce qu'il y avait de plus dégoûtant, c'était le spectacle offert par ces hypocrites, qui défendaient par des persécutions la cause qu'ils haïssaient en secret, et qui condamnaient des malheureux pour des opinions qu'ils partageaient eux-mêmes.

« Cette monstrueuse combinaison de mensonge et de cruauté établit une distinction entre les persécuteurs anglais et helvétiques; car, bien que ces derniers, tout en se donnant pour les défenseurs de l'indépendance du jugement individuel, envoyassent Servet aux flammes et fissent monter Gentilis et Gruet sur l'échafaud, du moins ils punissaient des hommes qu'ils regardaient eux-mêmes comme hérétiques et impies. Mais le code de la persécution fournit un précédent plus remarquable encore; il était réservé à Latimer et à Crammer, ces saints de l'église anglicane, de condamner au feu des chrétiens dont ces bourreaux approuvaient les doctrines.

« Les effets moraux que produisit la réforme, soit en Allemagne, soit en Angleterre, sont à peu près les mêmes. En Allemagne les écrivains Andrea, Walch et Carpzoff sont remplis de plaintes sur ces temps de désordre; en Angleterre Camden et Burnet ne se plaignent pas moins vivement; voici ce que dit ce dernier :

« Cette grossière et insatiable avidité . . . fit penser au peuple
« que c'était le zèle de la rapine, et non celui de la réforme,
« qui les avait rendus si actifs. La vie déréglée et immorale de
« beaucoup de partisans de l'Évangile parut autoriser leurs
« ennemis à dire qu'ils n'avaient renoncé à la pénitence, à la
« confession, au jeûne et à la prière, que pour se livrer sans
« contrainte à la dissolution et à la licence. »

« L'amère discorde qui régna entre les églises
luthérienne et calviniste trouve son point de com-
paraison dans la lutte longue et violente des Angli-
cans et des Puritains, et dans cette terrible guerre
civile qui en fut le résultat.

« En Allemagne la guerre avait pour cause des
doctrines exagérées, si l'on veut, mais au moins
susceptibles de spéculation et de raisonnement.

« Elles méritaient moins de mépris que ces misé-
rables vétilles qui furent long-temps débattues entre
l'église anglicane et les Puritains : — Le clergé
doit-il porter des surplis de lin et des bonnets car-
rés ? — Faut-il que les clochers soient surmontés
par des girouettes ou par des croix ? — Doit-on
se tenir debout au *Gloria Patri ?* . . . etc.

« Cependant les dogmes antinomiens dominaient
dans tous les rangs de l'État ; les sectes se multi-
pliaient.

L'Angleterre (dit un prédicateur devant la Chambre des
« Communes en 1647, n'a jamais été si méchante qu'au temps
« de la réforme. J'appelle en témoignage cette multitude innom-
« brable d'erreurs et d'opinions hétérodoxes qui vont parmi
« nous jusqu'au blasphème. Le monde s'est étonné un jour
« d'être devenu arien; l'Angleterre peut s'étonner maintenant
« d'être devenue anabaptiste, antinomienne, arminienne,
« socinienne, arienne, anti-scripturiste, que sais-je ? »

« En Angleterre les abus et la dégradation de
la religion se manifestèrent par une suite d'attaques
plus délibérées et plus systématiques contre la
foi chrétienne; l'impiété se montra ouvertement.
Les assauts de l'incrédulité furent si suivis et si
forts, que l'on peut dire que tous les argumens du
déisme ont été épuisés dans les productions que,
depuis l'année 1650, firent paraître successivement
Hobbes, Tolland, Collins, Morgan, Woolston,
Tindall et Chubb. Voltaire lui-même a emprunté
les armes dont il s'est servi contre le christianisme
à cet arsenal de destruction qu'avaient préparé
ces libres penseurs anglais.

« C'est à eux aussi, beaucoup plus qu'aux philosophes français et à l'exemple de la cour impie
de Frédéric II, que l'Allemagne doit attribuer l'impulsion visible de sa littérature au dix-huitième

siècle ; ce mouvement vers l'incrédulité ne fut que trop continué par ses propres théologiens naturalistes, et il a été aboutir à l'extinction presque totale de sa religion. En conséquence, par un retour bien remarquable, de même que l'Allemagne avait donné à l'Angleterre un exemple qui avait servi à la rendre protestante, ainsi l'Angleterre a aidé l'Allemagne à devenir incrédule.

« L'église anglicane, quoique retranchée derrière ses confessions de foi et ses articles, a été pénétrée par l'hérésie.

« Je n'en veux d'autre exemple que ses propres théologiens, South, Sherlock et Burnet.

« Le socinianisme a été partagé par Hoadly, Balguy, Hey... Lorsque des hommes si élevés dans l'église avouent de pareils principes, nous ne devons plus nous étonner d'une chose qui autrement nous paraîtrait incroyable. On a vu un professeur de théologie, à Cambridge, tendre la main du haut de sa chaire au corps des sociniens et faire cause commune avec eux ! Dans une de ses leçons les plus remarquables d'ailleurs, le dernier docteur Hey s'exprime ainsi :

On dit que nous et les sociniens nous différons ; — mais sur quoi ? Ce n'est pas sur la morale ou la religion naturelle.

« Nous ne différons que sur ce que nous n'entendons pas, et
« sur ce qui regarde Dieu. Si on nous laissait échanger mu-
« tuellement à notre gré nos expressions (et quelle importance
« cela aurait-il lorsqu'il s'agit de ce qu'on peut appeler des
« mots vides de sens !) nous n'aurions jamais besoin de nous
« tenir en garde les uns contre les autres. »

« Dans ce petit nombre de phrases sceptiques, et
surtout dans l'air froid et mortel d'indifférentisme
qu'elles respirent, nous apercevons le dernier effort
de la religion sur son déclin. Après cela il ne reste
plus aux Anglais (comme l'Allemagne leur en
donne un si effrayant exemple) qu'à tomber au
plat niveau d'une entière incrédulité.

« Le docteur Clayton, arien reconnu, a siégé sur
le banc des évêques. On pourrait ajouter à la liste
des théologiens sociniens les noms de Watson,
de Warburton, de Fortin, du dernier docteur Parr
et de bien d'autres.

« Ainsi, malgré le double rempart des lois et
des richesses, l'esprit d'indifférence s'est glissé au
sein de ce clergé, et le pousse sans relâche vers
l'abîme où vient s'engloutir toute foi.

« Enfin, une proposition qui a été faite récemment couronne le parallèle des deux églises d'Allemagne et d'Angleterre.

« Cette proposition est due à un théologien anglican, d'une dignité élevée, le docteur Arnold. C'est un projet de réunion de toutes les églises dissidentes, et, en quelque sorte une copie du fameux compromis qui a eu lieu entre les Luthériens et les Calvinistes d'Allemagne.

« Pour prouver la convenance et même la nécessité d'une telle démarche, il se fonde sur le nombre toujours croissant des dissidens, et sur la conciliation, selon lui possible, des idées qui amènent ces séparations.

« Il est probable que cette pénultième scène du drame de la réforme ne tardera pas à être jouée (*). »

— Notre gentilhomme en avait bien assez de toutes ces doctrines et de tous ces faits, pour se former une opinion sur le protestantisme; aussi prit-il la résolution de retourner en Irlande.

« Le 23 avril 1830, dit-il, juste un an et une semaine après
« cette soirée mémorable où, dans ma chambre au second
« étage du collége de la Trinité, je m'écriais avec emphase :
« Je serai protestant! » je me retrouvais débarqué sain et
« sauf sur le sol irlandais, et, je n'ai pas besoin de le dire,

(*) Pag. 339 et suiv. jusqu'à 378.

« meilleur et plus franc catholique que lorsque je l'avais quitté.
« Ce désir honteux de l'opulence de Ballymudragget, qui si
« long-temps m'avait rendu aveugle à la vérité, ou plutôt qui
« m'avait fait détourner les regards de cette lumière placée
« devant mes yeux, n'éveillait plus en moi que le mépris et
« le dégoût. Le premier dimanche qui suivit mon retour me
« vit de nouveau dans l'antique chapelle, la conscience libre
« de remords, et le cœur plein de la plus humble reconnais-
« sance pour cet Etre dont l'œil avait veillé sur moi pendant
« les tentations que j'avais eu à combattre. »

Ainsi se sont terminés les voyages et les recherches du gentilhomme irlandais.

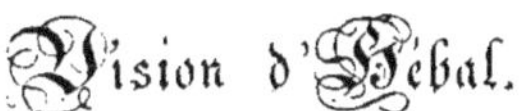

CHAPITRE XXIV

Vision d'Hébal.

PAR M. BALLANCHE.

Il est des hommes qui cherchent la réputation, il y en a d'autres qui semblent la fuir: M. Ballanche est de ces derniers. Si ses œuvres étaient aussi connues qu'elles méritent de l'être,

(*) *Vision d'Hébal, Chef d'un Clan Écossais;* épisode tiré de *la Ville des Expiations.* Paris, imprimerie de Jules Didot ainé, 1831.

il jouirait d'une grande estime dans le public;
mais, semblable à ces fleurs précieuses qui se
dérobent aux regards, il se contente d'exhaler en
silence un parfum délicieux. Ses ouvrages sont empreints de grace, de pureté, ainsi que de profon-
deur et de haute philosophie, et le lecteur qui par
hasard s'en approche sent son esprit se délecter et
son cœur s'épanouir. Qu'a-t-il besoin, M. Ballanche, de ces réputations du jour qui ne s'acquièrent
qu'à coups de volumes? il sait bien que cent bonnes pages valent mieux que tout cela. Ajoutez que
ses œuvres ne sont pas écrites pour la foule.
Habitué à gravir les sommets de l'intelligence, à
descendre dans l'abime des origines, à pénétrer
le sens intime de l'énigme de l'humanité, son
langage doit se ressentir de ces préoccupations
habituelles; il lui faut des lecteurs choisis. Le
style dont il revêt sa pensée est harmonieux,
sonore, gracieux. Les épisodes dont il sème son
récit sont pleins de sensibilité, de pureté, d'un je
ne sais quoi d'angélique. Quoi de plus beau que
sa création d'*Antigone?* Sa voix tient de la magie.
Lors même que son titre de profond penseur ne
serait pas aussi incontestable qu'il l'est, le style
seul, la forme de ses idées lui acquerrait certai-

nement une haute réputation et lui donnerait
une place honorable parmi les écrivains distingués.

M. Ballanche est de ces hommes qui, loin des
préoccupations de l'esprit du moment, cherchent
le mot des destinées humaines, l'énigme de l'humanité. Il s'est fait au milieu du monde un tout
petit monde à part, monde de science, de philosophie, de grandes vues sociales. Il vit avec des
héros inconnus et des créations fantastiques ; tout
ce qu'il y a de plus profond dans la pensée a le
secret de l'attirer, et il se complaît dans les questions ardues de la philosophie des sociétés.

Il n'entre pas dans mon plan de faire connaître
ses œuvres en entier ni leur développement suc-
cessif ; je dirai seulement que rien ne mérite plus
l'attention que sa *Palingénésie sociale*. L'écrivain
s'y place à une hauteur où quelquefois il est difficile d'atteindre, mais où l'on ne peut manquer
d'arriver, grace à sa condescendance et au soin
qu'il prend lui-même de former, d'éduquer son
lecteur.

Le sens intime de ses ouvrages, le fond de
son système, c'est le christianisme : c'est un
christianisme philosophique qui sert à expliquer

l'homme, à expliquer la société, soit dans le passé, soit dans le présent, soit dans l'avenir. M. Ballanche fait concourir et converger au même but tous les systèmes religieux du monde, l'histoire de tous les peuples, et les réunit dans une vaste unité encyclopédique.

Pour faire connaître ces doctrines, il serait nécessaire d'entrer dans beaucoup d'explications; qu'il suffise, pour le moment, de donner un aperçu de la *Vision d'Hébal.* C'est le dernier mot de l'auteur, ou l'application de son système à l'homme, à la société.

Et d'abord écoutons M. Ballanche :

« Un Ecossais doué de la seconde vue avait eu, dans sa jeunesse, une santé fort triste et fort malheureuse. Des souffrances vives et continuelles avaient rempli toute la première partie de sa vie. Des accidens nerveux d'un genre très extraordinaire avaient produit en lui les phénomènes les plus singuliers du somnambulisme et de la catalepsie. Il lui semblait que l'atmosphère fût l'organe général de ses propres sensations, et tous les troubles qu'elle éprouvait, il les éprouvait lui-même comme s'ils se fussent passés en quelque sorte dans la sphère de son être. Plus d'une fois il eut de ces allucinations qui restituent un instant la forme et l'existence à des personnes dont on pleure la mort, ou qui rendent présentes celles dont on regrette l'absence. Il voyait, il entendait les héros de tous les âges, soit ceux dont les noms sont consacrés par l'histoire, soit ceux qui n'eurent de réalité que dans le roman ou la poésie. Les sons d'une cloche lointaine le transportaient vivement au milieu des scènes les plus intimes de la vie, tantôt pour lui faire éprouver la douce émotion d'un gracieux épithalame qui promettrait d'heureuses destinées à de jeunes époux, tantôt pour le faire frémir comme s'il eût entendu le glas funèbre d'un vieillard rassasié de jours. Les météores de l'air avaient mille choses à lui raconter des contrées les plus éloignées. Tous les êtres, tous les objets avaient une voix. Ce quelque chose, qu'on dirait l'ame de la création, s'entretenait avec son ame. Il croyait avoir voyagé, sans l'intermédiaire de ses sens, dans les régions de l'intelligence pure. Cette solitaire exaltation de toutes les facultés physiologiques et psychologiques, qui fut l'objet de tant d'études dans les mystères anciens, et qui est si discréditée de nos jours, avait été produite en lui par l'extrême susceptibilité de son organisation douloureuse. Toutefois cet état indépendant de l'état habituel, et qui constituait une individualité différente, avait cela d'heureux, que le mal le frappait à son insu. Alors, n'étant plus contenue par les liens de subordination des créatures entre elles, et d'assujettissement des créatures aux objets de la création, sa pensée errait en liberté parmi les mondes et parmi les lois qui gouvernent les mondes. Comme Job, elle osait demander à Dieu compte de ses œuvres, et Dieu daignait répondre à la pensée de l'homme. Alors elle concevait des notions du temps et de l'espace qu'en ces momens seuls elle pouvait concevoir; alors, pour cette pensée ainsi affranchie, la vie idéale était la vie réelle; alors la mémoire de faits personnels était remplacée par le souvenir des faits universels, et le temps mobile devenait l'immobile éternité. . . . .

. . . .

« La lecture des poëtes et des philosophes le transportait plus facilement qu'un autre sur toutes les routes tracées par l'imagination et la science, et le plus souvent il s'en frayait de nouvelles. Nulle hypothèse sur les états successifs du globe, sur les monumens antiques de l'humanité, sur l'homme et la société, ne lui était inconnue ; et lui-même, d'après une série de faits dont il avait le sentiment profond, la conviction sympathique, composait l'histoire du genre humain, un et divers, évolutif et identique.

« Un jour donc, Hébal était absorbé dans ces vagues contemplations de l'homme cherchant l'homme, de la conscience individuelle s'assimilant la conscience générale, de l'homme, enfin, en rapport avec l'univers des sens et l'univers de l'intelligence. Il avait les yeux attachés sur une horloge où le temps était mesuré par trois aiguilles, et il considérait attentivement la marche relative de ces trois aiguilles.........

« C'était sur la fin de l'été : le crépuscule du soir étendait son voile de silence, de recueillement, de longue rêverie sur la nature. L'aspect de la campagne doucement éclairée par la dernière lueur du jour flottait devant ses yeux comme un songe qui commence. Des sons indécis et monotones venaient légèrement onduler sur le bord de son oreille.

« L'horloge à chaque heure jouait un air qui s'appliquait aux paroles de l'*Ave, Maria,* et cet air était d'une grande suavité.

« Le petit roulis qui précède l'air se fait entendre, l'aiguille des secondes se précipite vers le nombre soixante, celle des heures touche à la neuvième.

Vision (*).

« Les siècles vinrent s'abîmer dans un instant indivisible; le passé, le présent, l'avenir glissèrent comme dans un immense et merveilleux mirage.

« Hébal aperçut d'abord l'antériorité des choses.

« C'était l'existence absolue, inconditionnelle, abstraite de formes et de limites, se suffisant à elle-même.

« Dieu avant toutes choses et celles-ci émanées de lui; et la création en puissance avant d'être en acte.

« Hébal voyait d'une vue intellectuelle les globes, les sphères, les êtres, et les lois des globes, des sphères, des êtres; et tout n'était que la pensée divine.

« Dieu parle, et notre planète est jetée dans l'espace, et l'homme est créé.

« L'homme, intelligent pour être lui-même,

(*) Comme il eût été impossible de transcrire en entier cette merveilleuse vision, nous nous sommes contenté d'en donner une esquisse; esquisse imparfaite sans doute, mais qui présente les faits principaux et les points lumineux qui se détachent de l'ensemble. Le plus souvent nous avons conservé le style de l'auteur; car le style est le moule inséparable des grandes pensées.

reçoit le don de la responsabilité, c'est-à-dire la capacité du bien et du mal.

«Mais, dès le commencement, il essaie une puissance au delà de celle qui lui est attribuée, et rencontre un obstacle invincible. Un long cri de douleur s'échappe de tous les coins de l'immense univers, et apprend que l'intelligence nouvelle a succombé à l'épreuve.

« L'homme, condamné au travail, s'approprie la surface de la terre par les travaux qui doivent changer cette surface. D'un effort unanime il lutte partout contre les puissances végétatives exubérantes, contre les puissances animales qui fuient devant lui, ou qu'il apprend à asservir au joug de la domesticité, contre les élémens qu'il doit assouplir et dompter.

« Et il est partagé en deux sexes.

« La femme fut dite avoir induit l'homme en tentation, parce que la femme est l'expression volitive de l'homme.

« L'anathème pesa sur lui parce qu'il n'avait pas su maîtriser dans sa faculté volitive la capacité du bien et du mal.

« Et la raison fut assujettie et soumise, pour n'avoir pas su dompter la volonté.

« La femme, dans toutes les cosmogonies, fut
dite avoir introduit le mal sur la terre.

« A l'instant même de sa chute, l'homme obtint
la promesse d'un Rédempteur; et le Rédempteur
devait sortir de la faculté volitive de l'homme,
c'est-à-dire de la femme.

« Le déluge inonde la terre; l'arche mystérieuse
flotte sur les grandes eaux.

« Les générations humaines se répandent de
nouveau sur le globe.

« La langue humaine se brise et se divise; les
races partagent entre elles les débris de la langue
humaine.

« Et les faits historiques apparurent à Hébal et
posèrent devant lui avec une triste majesté, comme un seul fait, un fait continu qui trouve en soi
la cause de ses développemens.

« Déjà de grands empires, des peuples puissans,
de vastes métropoles! Et ces fondateurs inconnus,
et ces conquérans innommés, et ces événemens
qui ne furent chantés par aucun poète; tout cela
est de la poussière.

« Hébal voit les patriarches dépositaires de l'antique promesse.

« La mission du peuple hébreu lui est révélée.

« L'arche d'alliance, les stations dans le désert, les tribus voyageuses, les troubles, les combats, les retours à l'idolâtrie, tout est symbolique. C'est le type et l'image de l'initiation du genre humain.

« L'histoire du peuple hébreu se déroule devant lui : Abraham, le mont Sinaï, les prophètes, les rois, Juda, Israel, la captivité, etc.

« Ces grands événemens sont comme l'axe de la roue merveilleuse des destinées universelles.

« Les autres faits historiques viennent se grouper autour d'eux :

« L'Egypte, la Phénicie, Tyr, Sidon....

« Les siècles héroïques.

« On peut dire que Moïse, Orphée et Foé se sont partagé l'empire de l'intelligence.

« Dans le brillant épisode de la Grèce, le fait dominant c'est la lutte du principe dorien et du principe ionien, qui se manifeste par la guerre du Péloponèse : c'est l'antagonisme du destin et de la volonté humaine. Si Sparte essaie vainement de stéréotyper la civilisation héroïque, c'est vainement aussi qu'Athènes exagère l'émancipation de l'homme.

« Aristote et Platon lèguent à l'avenir, l'un le

monde du fait et de la science, l'autre celui de
l'idée et de l'art.

« La Grèce a fait deux choses : elle a sauvé le
principe progressif et plébéien dont elle était dé-
positaire, et elle a créé l'art qui est la noble
couronne du génie plébéien.

« Cependant les empires de l'Orient sont immobiles.

« Rome. — Un premier roi, qui est un fratricide,
fonde la ville éternelle et établit le mariage par le
rapt.

« Un second roi donne une religion ; et la science
cherche en vain les rites de la religion donnée par
Numa. Et chaque roi est une personnification d'une
chose sociale.

« Ainsi toute origine remonte à des enfans ex-
posés, à des meurtres, à des fratricides ; emblème
primitif de la violence de l'état social. Epreuve !
initiation !

« Et la loi des Douze-Tables, débris auguste
d'une loi antérieure ! Elle a gouverné avant d'être,
elle gouvernera après avoir été.

« Le peuple nouveau est obligé de combattre
sans cesse pour conquérir son propre territoire.

« Et au milieu des événemens divers de cette

guerre continue, trois faits se détachent comme trois points lumineux : ce sont les sécessions plébéiennes. La première, sur l'Aventin, produit la conscience ; la seconde, sur le mont Crustumérien, produit le mariage ; la troisième produit la dignité. Hébal suit toutes les phases de cet antagonisme du principe stationnaire et du principe progressif, antagonisme qui est une loi du genre humain déchu et réhabilité, qui est le ressort caché de l'histoire romaine et de toute histoire.

« Lutte entre Rome et Carthage.

« Les Gracques. Marius et Sylla. César et Pompée.

« Une seule guerre civile couvre le monde.

« Le tribunat, après avoir grandi dans la discorde et dans la guerre, se personnifie et devient un empereur.

« L'univers est en paix. Les peuples se reposent dans une trêve universelle qui durera peu. Les oracles de la gentilité se taisent. Les sibylles, devenues étrangères à un vieux monde qui va périr, ne savent plus que promettre le Désiré des nations : les nations sont dans une grande attente.

« Et diverses voix furent entendues :

« Je m'en vais faire venir l'Orient qui est mon serviteur. »

« Où est le Désiré des collines éternelles ? Qu'il paraisse ! »

« Cieux ! versez votre rosée d'en haut, et que les nuages « pleuvent le Juste ! »

« Qu'ils sont beaux les pieds de celui qui apporte la grande
« rançon »

« Et les Etrusques disent aux Romains que le Pacificateur va
naître d'une vierge.

« Une femme environnera un homme, et cette femme sera
la femme, et cet homme sera l'homme.

« Et cet homme aura nom Emmanuel, Dieu avec nous.

« Et les sibylles parlent comme Isaïe et David. »

« Le Messie paraît. Hébal connaît la vie entière
de celui qui voulut être le péché pour être le salut,
être la faute pour être le pardon.

« Et cette vie est délicieuse et admirable.

« Le mystère insondable de l'expiation s'accomplit.

« Hébal entend le retentissement de l'hymne
sans fin, l'hymne de la réconciliation, l'hymne
de l'agneau immolé dès le commencement du
monde.

« Les disciples du crucifié couvrent la terre,
pour répandre l'accomplissement de la promesse.

« Jérusalem voit le premier concile.

« Sept églises dans l'Asie mineure fondent l'initiation chrétienne pour l'Orient.

« Elle est fondée dans les catacombes de Rome
pour l'Occident.

« Hébal sentit alors le grand travail de la régénération s'opérer à la fois dans tout un monde vieilli.

« Et le monde vieilli va se renouveler sous le nom de monde chrétien.

« On vit l'homme nouveau qu'avait annoncé le Christ : on le vit dans la solitude et dans la famille, dans la vie privée et dans la vie publique; des vertus inconnues vinrent étonner les sages du siècle.

« Trois sanglantes persécutions attestent la grandeur de l'initiation chrétienne; et le sang des martyrs versé sans mesure est une semence sans mesure.

Hébal trouve dans le musée d'Alexandrie une immense distraction; il y assiste à toute l'évocation d'un passé qui n'est pas destiné à périr.

« En ce moment, l'Orient et l'Occident se racontent leurs mutuelles aventures.

« Constantin fait passer la religion chrétienne de l'état de religion secrète à l'état de religion publique.

« Et les Barbares viennent disperser les débris des sociétés vieillies.

« Mahomet paraît subitement dans le monde.

Et l'Afrique est rayée de la carte de la civilisation.

« Et l'Europe se trouvera pressée entre la religion déjà pâlis-
sante d'Odin, et celle de Mahomet, tout éclatante de jeunesse.

« Et la religion de Mahomet roule ses flots jusque dans les
champs de la Touraine. Là elle rencontre un héros qui la fait
reculer, comme, plus tard, la bataille de Lépanthe finira son
action sur l'Europe.

« Hébal entend encore le craquement des empires, et au
tour de Charlemagne se groupe toute la mythologie du
moyen-âge, et il brille seul dans les ténèbres.

« Et pendant qu'Hébal recueillait tant de choses dans son
esprit, l'empire de Charlemagne s'écroulait.

« Et Pépin, maire du palais, c'est-à-dire tuteur des rois
et chef militaire, Pépin, abbé de Paris, monte sur le trône.

« Et les successeurs du pêcheur de la Judée protégeaient
les peuples contre la forte hiérarchie féodale, et travaillaient
en même temps à construire une monarchie universelle.

« Alors fut manifesté le principe des deux puissances
Hildebrand, par l'ascendant de la foi, voulut enchaîner le
principe temporel au principe spirituel.

« Et le principe temporel résiste : une lutte interminable
s'engage pour les siècles.

« Quel travail, sans cesse suspendu et repris, que celui de
la grande unité française se développant elle-même, et se
préparant au gouvernement des peuples, par les mœurs et
les opinions !

« Et les croisades posaient la barrière à l'abri de laquelle
l'Europe pourra se constituer.

« Et saint Louis fondait la civilisation moderne.

« Et des princes chrétiens règnent un instant à Jérusalem.

« Et Constantinople tombe au pouvoir des Turcs.

« Et le monde moderne, qui avait déjà une littérature

spontanée, reçoit, par les Grecs fugitifs, le mouvement d'une littérature d'imitation.

« L'unité française allait être étouffée dans d'implacables divisions, si le principe de cette unité, nécessaire à la direction des destinées nouvelles de l'Europe, ne se fût merveilleusement identifié à une vierge magnanime, sibylle providentielle qui triomphe et meurt sur un bûcher.

« L'Amérique venait d'être découverte, Galilée fondait la philosophie expérimentale : deux mondes s'ouvrent, l'un au commerce, l'autre à la science.

« Et la sainte humanité se voile la face devant les calamités de l'univers agrandi de tout un hémisphère.........

« Et le schisme de Luther vient alarmer les croyances déjà ébranlées par les mœurs.

« Les ombres de ceux qui ont précédé ce puissant hérésiarque semblent se réveiller de leur tombeau pour dire : « C'est donc en vain que nous avons été égorgés, mutilés par « le fer et le feu! c'est donc en vain que le gothisme a été « noyé dans le sang des Albigeois! On peut tuer des nations « entières, on ne peut tuer des idées ! »

« Et les jésuites commencent un grand empire qui a ses provinces sur toute la surface de la terre.

« Et l'humanité et la religion se voilent la face, car la terre est de nouveau inondée de sang au nom de ce qu'il y a de plus saint sur la terre. Et toujours : on tue les hommes, on ne tue pas les idées.

« Et le long règne de Louis xiv brille d'abord d'un grand éclat, puis s'éteint dans de tristes misères.

« Rois de l'Europe, comment avez-vous vu sans émotion l'échafaud de Marie Stuart? Voyez maintenant Charles 1ᵉʳ monter à son tour sur le même échafaud !

« Olivier Cromwell et Milton ne vous ont-ils rien appris?

« Savez-vous ce que fait Pierre 1er dans les chantiers d'Amsterdam ? Terrible parmi les terreurs d'un nord inconnu, il va révéler un empire qui un jour menacera bien des empires.

« C'est dans Constantinople que sont déposées les clefs de l'Europe et de l'Asie. Le Turc stupide les garde pour celui qui saura les prendre.

« Et Descartes et Bacon enfantent le dix-huitième siècle.

« Et la révolution française vient accomplir la mission du dix-huitième siècle.

« Et la coupe des malheurs est versée sur la France, et l'enivrement de la gloire ne la console pas.

« Et une grande victime est tombée.

« Et un homme antique s'élance sur la scène du monde.

« Il reconstruit l'empire de Charlemagne, et il veut faire rétrograder l'idée comme il a fait rétrograder la pensée du pouvoir.

« Et les batailles qu'il livre sont des batailles de géans.

« Et l'esprit de la nation française se retire de celui qui a voulu ressembler à Julien.

« Et deux fois il perd l'empire, et deux fois sa chute ébranle le monde.

« Il meurt sur un rocher perdu dans les mers immenses de l'Atlantique, tombeau digne d'un Titan !

« Et l'exil a ramené l'affranchissement par l'expiation.

« Et le principe volitif et le principe fatal recommencent cette lutte qui avait été suspendue par le captif de Sainte-Hélène, alors qu'il régnait sur les peuples et sur les rois.

« Et la Restauration, à l'insu d'elle-même, a été l'âge de l'émancipation de la pensée.

« Et la Restauration a été complètement méconnue par ceux qui devaient la protéger.

« Et la dynastie s'est considérée comme cause et non comme instrument.

« Et l'instrument indocile a été brisé par un effort subit et spontané. . . . . »

« Hébal voit encore tout le présent et tout l'avenir.

« Mais on ne peut en avoir une idée, même une faible idée. Celui qui voudra soulever les voiles et briser les sceaux, fera bien de se purifier sept fois et d'avoir recours à la *vision* même.

« Enfin, dans le point le plus reculé de l'avenir, quand l'homme aura accompli toute sa loi, que notre globe sera rejeté comme inutile,

« Il aperçoit l'idée contemplant l'idée.

« L'ame n'a plus de lieu.

« L'homme a achevé l'épreuve successive qui lui fut infligée.

« La capacité du bien et du mal a produit la liberté dans le bien.

« L'essence humaine a sanctifié ses organes terrestres.

« L'homme a accompli la loi de son être.

« Il connaît le but de la création.

« Il se connait lui-même.

« Il connaît Dieu.

« Il s'identifie avec le Médiateur.

« Il n'habitera plus ni les entrailles de la femme ni les ténèbres du tombeau.

« Il ne sortira plus de la poussière pour rentrer dans la
poussière.

« La ressemblance de Dieu ne sera plus gravée sur des
traits fugitifs.

« Jésus transfiguré sur le Thabor : tel est l'homme cosmo-
gonique, tel est l'homme à la fin des temps................

....

.... »

— C'est ainsi que la grande épopée se déroula
devant Hébal, comme une seule pensée, une
pensée divine; il la contempla d'une vue qui comprenait à la fois les temps, les lieux, les hommes
et les choses; car c'était une épopée en action,
vivante de la vie puissante et instantanée de l'évocation.

Et il entendit sonner neuf heures.

Son voyage, qui avait embrassé toute la durée
des âges depuis le commencement jusqu'à la fin,
avait été accompli dans le temps qu'avait mis la
sonnerie de l'horloge à sonner l'air de l'*Ave Maria*.

Maintenant quelles sont les doctrines de M.
Ballanche? Le lecteur a déjà pu les pressentir.

Le principe ontologique de l'homme, dit-il,

est une histoire cosmologique, et ce principe cosmologique repose dans le dogme de la déchéance
et de la réhabilitation.

L'homme est toujours identique à lui-même.

Le genre humain est un et identique à lui-même.

Les temps de l'individu comme ceux du genre
humain sont divisés en temps cosmogoniques,
mythiques, historiques et apocalyptiques.

L'ensemble des destinées sociales ressemble si
bien à une seule destinée, que chacun par la
puissance de l'esprit peut se les assimiler, peut
les lire en soi.

L'être déchu et l'être réhabilité ne forment
qu'un seul être, un être identique, se reconstrui-
sant lui-même, condamné à marcher désormais
dans la voie du progrès pour reconquérir ce qu'il
a perdu, l'éclat de son principe ontologique
primitif; car le principe qui seul constitue l'iden-
tité n'a point péri.

L'homme a été, pour ainsi dire, fractionné et
divisé, afin que le poids de l'épreuve lui fût moins
lourd. Par sa volonté libre et par l'expiation, il
lui est donné de revenir à sa dignité première.

La rédemption, la médiation sont le mot de
l'énigme de l'humanité.

La perfectibilité sort de la réhabilitation.

Séparé et fractionné, il est soumis à une épreuve continue, qui ne sera terminée que lorsque toutes les parties de ce grand corps seront purifiées, réhabilitées par l'expiation.

La forme des institutions humaines est l'expression de cette tendance et de ces efforts.

L'homme fut divisé en deux sexes, le sexe actif et le sexe passif; et la constitution des premières sociétés est un effet de cette division. Les facultés ayant été réparties entre les individus, chaque caste devint le représentant, la personnification d'une de ces facultés.

Tous les instituteurs des peuples ont eu le sentiment de cette division, qui est celle du principe actif et du principe passif.

C'est ce qui fait encore le caractère distinctif des races.

L'histoire en entier, depuis l'origine des choses jusqu'à nous, est une tendance continuelle de l'homme à se relever, à se réhabiliter.

En d'autres termes, c'est la lutte de la volonté et du destin.

Le principe progressif ou plébéien et le principe stationnaire se combattent sans relâche : il y a entre eux antagonisme; c'est le ressort intime de toute l'histoire.

Le plébéien est l'homme se faisant lui-même.

Les sociétés humaines marchent incessamment; incessamment un passé se détruit, un avenir se forme. Les épreuves successives ont conduit à l'émancipation.

La fatalité, qui résulte de la déchéance, va s'abolissant.

La liberté politique, un jour, naîtra de la liberté qu'enfante la régénération.

Ainsi donc, en peu de mots, voici l'histoire de l'humanité :

Lutte de l'homme contre les forces de la nature;

Lutte de la liberté humaine contre le destin ;

Puis, accord de la Providence et de la liberté humaine ;

La charité substituée à la solidarité;

Et la confarréation universelle, symbole des symboles, immolation perpétuelle et sans fin, sacrifice pacifique qui résume, complète et annule tous les sacrifices, et se trouve la grande expression de la religion de l'humanité.

La femme, principe passif, le plébéien, principe passif, ont toujours tendu à l'émancipation.

On peut remarquér qu'il y a dans ces doctrines deux choses distinctes :

Le christianisme, qui révèle la nature intime de l'homme, son origine et sa fin; le christianisme, religion définitive de l'humanité;

Et une philosophie sociale entée sur le christianisme, mais qui n'en fait pas partie nécessaire, laquelle explique le mouvement des sociétés et les destinées humaines.

C'est le christianisme considéré relativement à l'évolution du genre humain.

Pour de plus amples explications, nous renvoyons aux œuvres de M. Ballanche.

CORRESPONDANCE.

Lettres Saint = Simoniennes.

Je croyais avoir brûlé toutes ces lettres, lorsque dernièrement, en fouillant dans mes papiers, j'en trouvai une petite liasse. Je ne sais comment il se fait que je les aie conservées. Si l'on m'avait demandé, il y a six mois, d'en montrer une seule, j'aurais répondu sans hésiter que je les avais toutes brûlées. Il se peut, en effet, que j'en aie détruit quelques-unes; d'autres se sont égarées, d'autres ont été détournées par certaines personnes et ne me sont jamais parvenues. Ainsi je me trouve restreint à un assez petit nombre de ces feuilles, parmi lesquelles encore j'ai cru devoir faire un choix.

Peut-être trouvera-t-on qu'il y a de l'indiscrétion de ma part à publier ces lettres; car elles m'ont été écrites dans l'intimité et sans aucun dessein ultérieur : mais j'ai pensé que le lecteur me saurait gré de lui donner un aperçu, quelque faible qu'il soit, de la vie intérieure des Saint-Simoniens et de leur langage entre eux, d'autant mieux qu'il n'y a rien dans ces pages que l'on ne puisse avouer hautement. Quand on marche avec foi et sans détour à un but quelconque, on n'a pas besoin de s'envelopper de ténèbres, et la publicité a toujours été une chose que les Saint-Simoniens ont recherchée, loin de la craindre. Si donc, par hasard, quelqu'une de ces lettres imprimées tombait entre les mains de celui qui l'a écrite, je le prie de m'excuser. Si j'avais pu avec aisance prendre son consentement, je l'aurais fait; mais j'ai cru obvier à tout inconvénient grave, en supprimant généralement les noms des personnes indiquées dans ces lignes, et en ne désignant celles qui me les ont adressées que par des initiales; de sorte qu'il est excessivement difficile, sinon impossible, de savoir ce que représentent un A ou un B.

Le motif qui m'a engagé à mettre ces lettres sous presse, c'est de montrer la foi qui animait les Saint-Simoniens; elles sont toutes uniformes sur ce point. On y trouve de plus une liaison amicale, un épanchement de cœur, des éloges donnés et reçus, des consolations apportées, un intérêt plein de sollicitude et un amour général, universel, qui, ne se bornant pas à la personne à qui l'on écrit, embrasse l'humanité entière. Cette correspondance, tout imparfaite qu'elle est en tant que correspondance, en dira plus que bien des raisonnemens sur la vie intérieure, sur la vie intime des Saint-Simoniens.

Au reste, plusieurs de ces lettres se distinguent par la hauteur de la pensée et par la délicatesse du sentiment : il ne m'appartient pas d'en faire l'éloge, je laisse au lecteur le soin de les apprécier.

Lettres Saint-Simoniennes.

Paris, le 21 octobre 1830.

Mon cher D***,

Le jour que j'avais en secret tant désiré est enfin venu.
Désormais nos opinions seront les mêmes sur tous les grands
problèmes de notre vie et de la vie de l'humanité; désormais
nous ne serons plus seulement amis, nous serons frères.

Je n'espérai pas, je l'avoue, que vous pussiez sitôt vous
dépouiller de la conception du Dieu pur catholique : vous
me direz, dans quelque temps, comment s'est opérée en vous
cette transformation. Aujourd'hui je ne veux que vous adresser
des félicitations. Maintenant vous êtes assuré de ne pas périr
en proie aux douleurs du doute; vous êtes sorti des ruines
du vieux temple pour entrer dans le temple nouveau, dont
vous serez, comme chacun de nous, une pierre vivante. Vous
ne vous traînerez plus, triste et souffrant, derrière les débris
d'une phalange que le temps a si misérablement éclaircie,
mais vous vous avancerez joyeux, plein d'espoir et d'enthou-

siasme au milieu de notre jeune armée qui marche en grandissant à la conquête de l'avenir.

Béni soit votre séjour dans la capitale! Je vous ai déjà dit,
à ce sujet, ma pensée tout entière. La providence n'est pas
étrangère à ces impulsions mystérieuses qui nous conduisent au
progrès par des routes inconnues.

J'ai porté votre demande devant mon père C***, qui l'a
communiquée à notre père commun Enfantin. Voici la réponse
qu'ils me chargent de vous transmettre : « Dès ce moment
« vous êtes associé à l'Église Saint-Simonienne, vous nous
« appartenez : nos chefs sont les vôtres, vous leur devez
« amour et obéissance; ils vous donneront en échange amour
« et protection. Toutefois vous n'occuperez pas encore un
« degré nommé dans la hiérarchie. Votre éloignement de nos
« pères empêche qu'ils ne puissent vous classer avant que vous
« vous soyez manifesté à eux par d'autres actes de foi, notam-
« ment par des actes de prosélytisme. »

Ainsi, mon cher D***, par votre confession vous êtes devenu
fidèle, élevez-vous par vos travaux à *l'apostolat.* Que votre
plus ardent désir soit de vous entourer de disciples. Ne vous
laissez pas intimider par le rire insultant ou la compassion
méprisante de ceux qui ne vous comprennent pas. Dans ce
temps de désolation, vous avez certainement près de vous
quelques ames découragées, altérées de consolations ; approchez-vous et versez sur elles le baume de la foi.

Ayez présens à la mémoire les innombrables obstacles qu'ont
surmontés les premiers chrétiens. Rappelez-vous leur pieuse
ardeur à convertir tous ceux dont le cœur s'entr'ouvrait pour
recevoir la bonne nouvelle; leurs plus nobles têtes sont tom-
bées comme ils accomplissaient cette œuvre divine. Le billot,
les bûchers, l'huile bouillante, les bêtes du cirque n'arrêtaient

pas sur leurs lèvres ces paroles brûlantes de charité et d'amour qui ont produit tant de conversions miraculeuses.

Grace à Dieu et aux progrès de l'humanité depuis ce temps, notre tâche ne sera pas si sanglante. Le siècle, du moins, ne nous inflige encore d'autres supplices que ceux de l'indifférence ou du sarcasme. Que votre front ne soit jamais troublé devant les indifférens et les railleurs ; prêchez avec confiance. Avertissez-nous de vos espérances, de vos succès ; quelque faibles qu'ils soient dans le commencement, ils nous combleront de joie.

Les feuilles quotidiennes et une sourde rumeur publique ont dû vous faire connaître nos progrès. L'Église Saint-Simonienne grandit chaque jour. Depuis long-temps nos salles de la rue *Monsigny* ne suffisent plus pour contenir les assistans : c'est maintenant dans une vaste salle à trois rangs de loges, rue *Taitbout,* que plus de sept cents personnes écoutent religieusement nos enseignemens. Les conférences du lundi et du vendredi sont beaucoup plus fréquentées que ne l'étaient autrefois les prédications. Vous avez pu vous apercevoir que *le Globe* est presque saint-simonisé.

On se prépare à ouvrir des expositions dans divers quartiers de Paris. Nous en avons commencé une, mardi dernier, L*** et moi, dans la rue *Taranne.*

R***, qui n'est pas encore de retour à Paris , a obtenu quelques succès à Sens.

Puissiez-vous, l'été prochain , venir nous voir ! Qui sait combien nous serons alors avancés sur la route que Saint-Simon nous a tracée !

Adieu , mon cher D*** ; aimez-nous, étudiez-nous, amenez-nous des prosélytes, des abonnés; faites acheter nos livres; car la religion de Saint-Simon ne doit pas se répandre seulement par la parole : l'imprimerie a servi plus que la parole, au libéralisme, pour détruire tout ce qu'il a détruit.

E. C***,
membre du second degré [*].

PARIS, 15 décembre 1830.

Mon cher D***, mon cher fils,

Quoique je souffre encore beaucoup d'une chûte que j'ai faite il y a huit jours, quoique j'aie la tête un peu troublée, je ne veux pas tarder plus long-temps à vous écrire. Si je vous dis peu de choses cette fois sur les devoirs sacrés que nous impose notre croyance, sur la joie et la confiance dont nous devons être pénétrés, sur notre amour réciproque et sur le courage que nous devons déployer pour étendre le cercle de fer que nous oppose *la critique ;* en un mot, si je ne vous entretiens pas aujourd'hui de notre vie intérieure, morale et intellectuelle, une autre lettre y suppléera. J'ai beaucoup de détails à vous donner en peu d'espace.

Vous avez dû entrevoir, par la lecture des journaux, quelle est notre position actuelle. Les discours du ministre des cultes

* Avocat

vous ont montré que l'autorité a les yeux sur nous. On voudrait arrêter les progrès de l'influence que nous exerçons, mais l'on n'ose. Cependant en secret on excite les propriétaires à nous refuser leurs salles. C'est ainsi que nous avons été obligés de quitter le *Prado*, où nous étions retournés, et qu'il nous faudra bientôt nous retirer de la salle de la rue *Grenelle-Saint-Honoré*, où nous sommes maintenant. Toutefois on ne nous inquiète nullement rue *Taitbout*, où plus de quinze cents personnes se rendent tous les dimanches. Nous continuons aussi une exposition rue *Taranne* : notre grande salle est pleine. C'est avec regret que je vais cesser d'y parler, mes pères m'ont appelé à d'autres fonctions....

J'ai donné ordre qu'on vous envoyât *le Globe*. Il est maintenant tout-à-fait à nous...

Dernièrement, Enfantin m'a demandé votre adresse. Il se proposait, m'a-t-il dit, de vous adresser quelqu'un qui se rendait à Marseille...

Dites-moi quels progrès ont faits les personnes que vous m'indiquez dans votre lettre et qui me paraissent être au nombre au moins de six. Souvenez-vous qu'il est inutile de briser votre force contre les hommes armés de préjugés. Cherchez d'abord les faibles et les souffrans; ils deviendront forts avec la foi, et vous aideront ensuite à vaincre les esprits forts. On se décourage et on s'affaiblit soi-même à lutter contre trop de difficultés.

Depuis votre départ, C***, L*** sont entrés dans *le collége*. Un quatrième degré (degré préparatoire) s'est formé, et plusieurs promotions au troisième degré ont eu lieu. Le jeudi soir et le dimanche soir il vient un grand nombre de fidèles. Bientôt le rite devra prendre plus d'extension, et l'initiation, plus solennelle, sera par la même moins lente et moins rare, mais a des titres différens. Deux médecins de Montpellier ont été admis il y a trois semaines.

Nous recevons d'un grand nombre de points de la France des professions de foi d'hommes et de femmes qui respirent le dévouement et l'amour religieux le plus sincère...

Nos progrès sont grands, si l'on considère combien de modifications nous apportons chaque jour aux opinions générales. Les discours de plusieurs députés, de M. M. M. A. P. M., etc., en sont des témoignages pour ceux qui ne peuvent voir les choses de plus près. Nos espérances sont grandes, et nous n'en sommes déjà plus à Paris à ergoter : nous prêchons, et le nom de Saint-Simon ne fait plus sourire que des cœurs de pierre ou des têtes de bois. Enfin, notre caractère de religion n'est plus contesté. Qu'avons-nous donc désormais à craindre d'hommes qui reconnaissent que nous parlons au nom de Dieu ?

Courage ! Ecrivez-moi lettres sur lettres, si vous en avez besoin, afin que nous nous réjouissions avec vous et que vous vous réjouissiez avec nous. J'ose espérer que vous ne serez pas long-temps seul dans votre ville.

Je vous embrasse.

Votre père en Saint-Simon,

E. C***.

LE GLOBE,

JOURNAL DE LA DOCTRINE DE SAINT-SIMON,

Passage Choiseul, n. 77, et rue Monsigny, n. 6.

Paris, le 15 février 1831.

Mon cher D***, mon cher fils,

J'attends avec impatience que vous me donniez des nouvelles : elles doivent porter principalement sur les obstacles à votre apostolat, sur les noms des jeunes gens qui font profession de foi, sur votre position à l'égard de tout ce qui vous entoure, parens, hommes religieux, hommes politiques ; sur l'effet de la distribution des ouvrages que nous vous avons envoyés, *volumes d'exposition*, *Lettres d'Eugène*, *Lettres à la chambre*, etc... Enfin, ma dernière lettre incluse dans le paquet de livres mis à la diligence le ..... vous indiquera les autres renseignemens que nous désirons surtout que vous nous donniez.

Je ne sais quelle crainte m'a pénétré : je suppose qu'il se pourrait que quelque interception eût lieu dans notre correspondance ; c'est pourquoi je vais tâcher de vous faire parvenir cette lettre par une autre voie (*).

Nous avons eu du bruit dans nos derniers enseignemens à Paris et à Versailles. Il est probable que c'est le parti-prêtre qui a suscité ce trouble. Les événemens qui agitent Paris actuellement, et que *le Globe* vous fait connaître, dissiperont ces hostilités.

Depuis ma dernière lettre, neuf promotions ont eu lieu au troisième degré. Nous sommes pleins d'espoir et plus unis que jamais. C'est aujourd'hui que nous sentons surtout la puissance du sentiment religieux : car, dans toute la société actuelle, notre maison seule reste étrangère aux plaintes amères, aux récriminations, aux désirs de vengeance. Nous sommes calmes au sein de la tempête ; car, nous le savons, l'avenir est à nous ! La paix succédera à la guerre, l'ordre au désordre, l'amour à la haine, la religion à la désunion, comme le jour à la nuit, comme la sérénité à l'orage.

Écrivez-moi, cher fils, le plus tôt possible ; rassurez-moi sur l'état de votre santé...

Envoyez-moi aussi quelqu'une de vos leçons.

Notre mère Bazard est en voyage dans la Bretagne : le nombre de nos sœurs augmente.

Adieu, mon cher fils, je vous embrasse.

Votre père en Saint-Simon,

E. C***.

(*) Elle m'a été remise en main propre par une jeune dame qui venait de Paris.

Montpellier, le 18 mars 1831.

Deux étudians en médecine, membres de notre degré préparatoire, MM. D*** et F***, font un voyage à Marseille, et nous demandent une lettre d'introduction auprès de nos frères de cette ville.

Nous les adressons à vous, bien persuadés que vous les accueillerez comme tous les fils de Saint-Simon accueillent les fils qui leur arrivent. Le séjour de Marseille leur sera ainsi profitable, et ils nous auront fourni l'occasion d'entrer en relation avec une église qui doit avoir des rapports avec celle que nous travaillons à fonder, et dont les progrès sont, graces à nos efforts, assez satisfaisans. Nos réunions ont lieu deux fois la semaine ; notre auditoire n'est pas nombreux, mais bienveillant ; notre degré préparatoire va bien. Nous espérons que les catéchumènes que nous vous envoyons nous rapporteront d'aussi bonnes nouvelles de votre église.

Nous vous embrassons cordialement en Saint-Simon.

J. R***,
membre du second degré (*).

* Avocat.

Paris, ce 22 mars 1831.

Religion Saint-Simonienne.

Mon cher fils,

15 décembre 1830 ! Je ne m'étais donc pas trompé : ni mes lettres, ni les livres que vous ai adressés ne vous sont parvenus. Votre long silence me l'avait fait soupçonner, et, il y a quinze jours, j'ai pris le parti de vous écrire sous le couvert d'un M. C**, rue . . . . ; ce billet même ne vous aurait-il pas été remis ? En vérité, toutes ces circonstances sont fatales. J'avais essayé de vous tenir au courant de nos progrès, de nos diverses promotions ; je vous avais annoncé, au nom de nos pères, leur satisfaction et leurs encouragemens pour vos dignes efforts ; je vous avais déclaré que vous pouviez vous adjoindre comme propagateurs de la parole nouvelle, les jeunes gens que vous me signaliez, en vous priant de me donner leurs noms, etc....

Si *le Globe* et *l'Organisateur* n'ont pas eu le sort des lettres et des paquets de livres, tout n'a pas été perdu, et il est bien des choses que vous avez pu apprendre par cette voie.

Je ne sais pas vraiment quelle partie de mes anciennes communications je dois vous répéter. Notre nombre est plus que triple : les dames prennent part à tous nos travaux et paraissent avec nous sur l'estrade chaque dimanche. Nous rencontrons des obstacles, mais nous en triomphons. Notre pensée se répand dans l'air ; les journalistes la respirent eux-mêmes et puisent sans le savoir dans notre dictionnaire; le plus grand nombre admet la division des *oisifs* et des *travailleurs :* c'est le point fondamental.

Plusieurs de nos frères, entre autres R***, ingénieur des mines, se sont présentés pour vous voir, et ne vous ont pas trouvé.

Ah! pourquoi ne pouvez-vous encore vous réunir à nous? Si vous êtes obligé de tarder long-temps, je ne perds pas l'espoir qu'une mission se dirigeant de votre côté n'aille vous porter secours et consolation. Les pères L*** et L*** sont revenus de Belgique; le père Barrault, D*** et M*** sont partis. L'Angleterre recevra bientôt d'autres missionnaires, au nombre desquels je serai peut-être. Le tour du Midi et de l'Italie, quelque ingrat que soit ce sol, ne devra pas tarder à venir.

Vos concitoyens aiment le moyen-âge : ne voient-ils donc pas que c'en est la continuation que nous venons offrir au monde, que nous venons reprendre l'ordre expirant au 15e siècle, et que, forts des progrès de *la critique,* nous l'étendons à tout l'avenir?

Notre organisation à Paris s'étend chaque jour et s'accroît d'une manière remarquable, surtout moralement et intellectuellement. Ce qui naturellement est plus lent à s'accroître, c'est la manifestation matérielle, la richesse.

Avant de clore cette lettre, je vais faire quelques recherches sur la date des envois et sur les noms des personnes de Marseille qui pourraient être en relation actuellement avec nous.

Voilà, j'espère, mon cher D***, notre correspondance

renouée. Tâchez de recouvrer les livres ; sinon, nous vous en
enverrons de nouveaux.

Aimez-nous, aimez-moi.

Votre père en Saint-Simon,

E. C***.

MON FILS, AU NOM DE DIEU, AU NOM DE SAINT-SIMON ET
DE NOS PÈRES SUPRÊMES, VOUS ÊTES ÉLU MEMBRE DU TROISIÈME
DEGRÉ DE LA DOCTRINE.

Je vous embrasse paternellement.

E. T***,
membre du collége (*).

SORÈZE, le 22 avril 1831.

Cher fils,

Il y a déjà quelque temps que votre nom était parvenu jusqu'à moi : je savais que vous aviez fait quelque tentative à
Marseille pour y constituer une église Saint-Simonienne, mais
j'ignorais complétement et la nature de vos efforts et les résultats que vous aviez obtenus. Cependant je sentais le besoin de
lier vos travaux à ceux qui avaient lieu dans le reste du Midi ;

(*) On appelait *collége* la réunion des membres du premier degré.

je savais que c'était un moyen de donner plus de puissance à Toulouse, à Montpellier, à Marseille ; et néanmoins jusqu'à présent je n'avais pu vous écrire, ignorant votre adresse. Mon fils Hoart a mis fin à cet état fâcheux ; il m'a instruit aussi de l'admirable dévouement avec lequel vous avez commencé une tâche qui deviendra chaque jour moins difficile, et il m'a donné par là le besoin de vous exprimer tout ce que votre généreuse conduite me fait éprouver d'estime et d'affection pour vous. Les obstacles que vous avez rencontrés, les dégoûts qu'il vous a fallu vaincre, la persévérance avec laquelle vous avez voulu continuer l'œuvre commencée, sont des titres que vos pères savent apprécier.

Mais que ces difficultés, inévitables dans un pays comme le vôtre, ne vous rebutent pas ; sachez que nous avons trouvé partout à peu près les mêmes répugnances, les mêmes obstacles, et que partout nous les avons vaincus. Oui, j'ose vous l'affirmer, avant peu vous jouirez du fruit de vos travaux ; vous serez entouré d'une famille, heureuse de vous devoir le bonheur dont elle jouira, et alors vous goûterez les délices de la paternité saint-simonienne.

Hoart vous a sans doute dit ce que nous sommes, combien nous sommes, nos travaux de cet hiver, les résultats qui s'en sont suivis. Il a dû vous dire aussi que son éloignement a été pour toute la famille une cause de regrets et de douleur. Hoart jouissait à Toulouse d'une réputation qui nous a été bien favorable et qui n'a pas peu contribué à nos premiers succès.

N'ayant personne autour de moi qui pût le remplacer, j'ai demandé à Paris un membre du second degré pour diriger, en mon absence, les enseignemens publics qui vont reprendre dans une quinzaine de jours. C'est L*** que l'on m'envoie : il m'a écrit de Limoges, où il avait ordre de s'arrêter quelques

jours afin de rallier une dizaine de néophytes qui sont dans
cette ville, et d'y constituer un enseignement. Il doit faire lui-
même trois leçons, pour donner une idée de la manière dont
la doctrine doit être aujourd'hui enseignée. Il s'arrêtera aussi
à Montauban, où il espère trouver quelques esprits assez bien
disposés. Il sera le 30 avril à Sorèze. Nous irons ensemble à
Toulouse, où je l'installerai.

Selon toute apparence, L*** nous restera. Il est question
pour lui d'un projet de mariage qui le fixerait, pendant quelques années au moins, dans ce pays; en sorte que l'hiver
prochain, si ce mariage se réalise, nous aurions à Toulouse
un ménage saint-simonien, une maison qui recevrait tous nos
enfans, et qui donnerait à la doctrine une puissance et un
attrait qui lui manquent encore. Elle est bien belle la religion
que nous professons, elle est bien puissante sur les esprits
et sur les cœurs quand nous exposons rigoureusement sa valeur scientifique, ou que nous électrisons l'auditoire par l'idée
du bien-être qui est réservé un jour à l'humanité; mais quand
nous la mettrons en pratique, quand, au lieu de discourir, nous
pourrons dire à nos adversaires : voyez quelle est la vie de ce
monde auquel vous appartenez, voyez la nôtre, et choisissez!...
ah! c'est alors que les hommes et les femmes nous arriveront
en foule, et que nos travaux de propagation seront à la fois
doux et faciles. Notre but doit donc être de constituer partout
des familles vivant comme on vit à la rue *Monsigny*, et propres à convaincre les plus incrédules des bienfaits que notre
religion réserve au monde, quand le monde saura la comprendre et l'apprécier.

Écrivez-moi de temps en temps pour me mettre au courant
de ce que vous faites à Marseille, des résultats obtenus, des
espérances que vous concevez. De mon côté, je vous instruirai

de nos travaux, je vous transmettrai les petites nouvelles qui intéressent la doctrine. Je sais que vous êtes en relation avec C***, je n'aurai donc rien à vous dire de Paris.

Il était temps de sortir de l'isolement où nous avons vécu les uns à l'égard des autres, et de nous lier saint-simoniennement.

Adieu, cher fils, recevez mes tendres embrassemens. Mes amitiés à tous ceux qui s'approchent de vous; faites-les moi connaître.

J. R***,
membre du collège *.

Montpellier, le 25 avril 1831.

Enfin, je puis donc, en vous nommant mon frère, vous annoncer que le 6 avril a été pour moi un jour de joie vraiment sentie, de jouissance vraiment réelle. Qu'elle était vive et pure cette lumière qui me montra clairement ce que mon cœur savait, aimait et comprenait déjà! Qu'il est beau, qu'il est grand ce but qui vient rattacher et diriger toutes vos idées, toutes vos actions, tous vos désirs, vers l'accomplissement de cette loi et d'amour infini et d'amélioration sociale! Aussi, je le sens, c'est là toute ma vie, ma félicité, mon bonheur

____

* Ancien professeur de rhétorique.

et ma fin. Et vous, frère, que faites-vous dans cette terre maudite? vos embarras sont-ils toujours les mêmes, vos difficultés ne s'applanissent-elles point, Marseille est-elle toujours une ville imprenable? Non, nous l'espérons, et le père Hoart ne sera pas passé sans avoir réchauffé vos amis tièdes encore. Dites-nous : est-il resté long-temps, a-t-il parlé, qu'a-t-on dit, en avez-vous eu des nouvelles depuis qu'il est à Toulon? Mandez-nous, je vous prie, toutes ces circonstances, nous en sommes avides; vous n'oublierez pas non plus tout ce qui vous regarde, vos craintes et votre espoir.

Pour nous, nous marchons toujours; notre auditoire est bienveillant; de plus, nous avons un degré préparatoire assez nombreux et fort bien composé; aussi espérons-nous sous peu augmenter le nombre de nos frères. Nous attendons aussi fort impatiemment la mission qui nous est annoncée, on en parle déjà beaucoup dans *le monde extérieur;* pour nous, nous en attendons de grands fruits : espérons qu'ils ne seront pas moindres à Marseille.

Les pères R. et R. se joignent à moi et vous embrassent cordialement en Saint-Simon.

S. D***,
membre du troisième degré (*).

Vous êtes embrassé par un autre membre de la famille saint-simonienne. Votre frère qui ne vous connaît pas encore est heureux de professer une doctrine qui étend et établit si bien les sympathies, et qui lui fait un devoir, un besoin de

---

(*) Étudiant en médecine.

vous aimer. Le monde nous appartient, et c'est par l'amour que nous devons le conquérir. Les hommes sont bien petits auprès de nous : sentez bien votre supériorité sur eux, aimez-les tous les jours davantage, et ils seront à nous.

Adieu.   Votre frère en Saint-Simon,

F***,

membre du troisième degré *.

Paris, ce 12 mai 1831.

Religion Saint-Simonienne.

Mon cher D***, mon cher fils,

La position fâcheuse dans laquelle vous vous trouvez à l'égard de votre famille m'afflige plus qu'elle ne m'étonne. Vous savez que c'est le sort du plus grand nombre d'entre nous de ne pouvoir faire pénétrer la parole de vérité dans le cœur de ceux-là mêmes qu'il nous serait le plus doux de convertir. Cette opposition des pères et mères avec leurs fils Saint-Simoniens est sans contredit le supplice le plus cruel auquel puisse nous condamner notre siècle. Mais soyons convaincus

---

* Avocat.

que notre conduite pieuse envers eux, sincère et vertueuse dans toutes les circonstances, les amènera à aimer, tôt ou tard, la foi à laquelle nous avons consacré notre vie entière.

Pourquoi nous en voudraient-ils long-temps d'avoir cherché et trouvé dans l'amour de Dieu et de l'humanité un bonheur que malgré leur désir ils ont été dans l'impuissance de nous donner? Que nous aimions l'existence et que nous soyons du fond de notre cœur reconnaissans envers eux de nous avoir appelés au jour, n'est-ce pas l'accomplissement des vœux les plus justes et les plus religieux qu'ils aient formés avant notre régénération?

Courage donc, mon cher D***. Vous trouverez dans la mission qui doit arriver bientôt à Marseille, une chaleur et une tendresse inépuisables. J'ai grand'peine de n'avoir pas pu en faire partie, car je désire bien vous revoir : songez donc que je ne vous ai jamais vu comme Saint-Simonien !

Votre ami B***, l'ingénieur des ponts et chaussées, est maintenant votre fils. Il a fait profession de foi et ne peut plus vivre qu'avec nous. Je le vois souvent et je l'aime beaucoup.

Vous savez que j'ai commencé dimanche dernier à prêcher dans la salle *Taitbout*. Malgré mon émotion, je suis arrivé jusqu'à la fin de ma prédication; je n'ai pas eu lieu de me décourager : j'espère continuer.

Tout ce que vous me dites sur la politique de votre pays est un témoignage de l'opportunité de nos travaux. Cet aveugle amour du passé ne fait que hâter la dissolution et précipiter l'heure de notre venue.

Je suis bien content de vous voir en relation avec Toulouse et Montpellier. Le capitaine Hoart a raconté son entrevue avec vous dans une de ses lettres : il admire le courage dont vous avez fait preuve dans votre œuvre de prosélytisme, et nous

nous en félicitons depuis long-temps comme lui, vous le savez.

. . . .

Aimez-nous, et ayez bonne confiance dans la force de la foi qui nous anime.

Tout à vous.   Votre père en Saint-Simon,

E. C***.

Paris, ce 26 mai 1831.

Religion Saint-Simonienne.

Mon cher frère,

D'après votre dernière lettre, vous espérez peu de succès pour la mission saint-simonienne dans la ville de Marseille; mais qui sait encore ce que la providence nous réserve? Jusqu'ici toutes nos prévisions ont été dépassées, et nous en rendons graces à Dieu. C'est lui qui ouvre le cœur de la foule quand une voix puissante vient lui révéler l'avenir qui l'attend, et qui fait naître la puissance d'entraînement dans les hommes qui méconnaissaient encore leur vocation, en croyant n'avoir apporté à la doctrine qu'un cœur dévoué.

Ah! que ne puis-je vous peindre notre père J. R*** prenant la parole devant trois mille auditeurs dans la salle du

Cirque à Lyon, et employer tant de sentiment et de logique,
que l'auditoire était silencieux comme un seul homme. Je voudrais pouvoir exprimer l'enthousiasme qui s'empara de tout
le monde, quand, la figure rayonnante d'avenir, il les initiait
à la bonne nouvelle que nous avons tous mission de propager, et, après qu'il se fut assis, les applaudissemens et le
calme qui les suivit. Et comme le dit le père L*** qui nous a
donné la relation de cette magnifique séance : « Les trois mille
« auditeurs s'écoulèrent doucement et silencieusement, comme
« frappés, étourdis d'une parole puissante et d'une révélation
« inouïe. En passant aux Brotteaux et sur le pont Morand,
« entourés de nos amis qui étaient enchantés et transportés,
« nous n'entendions dans les groupes que des réflexions admi-
« ratives. La soirée était superbe ; le Rhône coulait majestueu-
« sement sous sa chaine de ponts, la lune brillait dans un
« ciel étoilé : il me sembla que l'avénement de la doctrine
« était proche. »

Les dernières lettres de la Belgique sont fort satisfaisantes ;
Rouen organise un centre saint-simonien ; dans le midi, Toulouse fait des merveilles ; tous les points, en un mot, sur lesquels
la doctrine a paru ont rempli nos vœux les plus chers en nous
donnant de nouveaux frères. A Paris la famille saint-simonienne augmente de jour en jour, et la correspondance nous
annonce quotidiennement qu'en province *le Globe* et *l'Organisateur* trouvent des lecteurs assidus et de bonne foi. Je
ne vous parlerai, pour appuyer ce que je dis, que d'une lettre
d'un ingénieur des ponts et chaussées dans le département
de ***, qui nous annonce sa transformation complète et la
transformation particelle de quatre de ses camarades de l'Ecole
Polytechnique, et de deux membres du parquet résidant dans
le même département. Cela vous fera juger l'importance que

joue *le Globe* pour la conversion à la foi nouvelle. Recommandez donc le plus possible la lecture de nos journaux.

Après vous avoir communiqué rapidement ces détails qui, je pense, vous feront plaisir, que j'aie celui de vous féliciter du zèle et du courage que vous avez montrés en organisant un enseignement saint-simonien dans une ville où l'on avait tant à craindre du fanatisme et de la brutalité des classes ignorantes. Quant au regret que vous manifestez de n'avoir pas auprès de vous plusieurs fils que vous puissiez animer de votre vie, dans le sein desquels vous versiez tout ce que votre cœur répugne à posséder seul, qui pourraient enfin partager le poids de vos douleurs, nous le ressentons parfaitement : oui, toujours donner et ne jamais recevoir, c'est bien dur ! Cependant consolez-vous, vous avez ici des frères, des pères qui souffrent de vos peines ; eh bien ! communiquez avec eux plus souvent encore, et elles seront allégées ; leur joie même passera en vous et adoucira votre position ; car si dans la société *critique* l'aspect des heureux du siècle frappe au cœur ceux qui souffrent, chez nous qui vivons d'une vie commune, cet aspect n'a rien qui excite notre jalousie, car leur bonheur c'est aussi le nôtre. Soyez donc un bon frère, envoyez-nous un peu de votre douleur et prenez en échange de notre joie.

Nous vous faisons parvenir cette lettre par un élève des ponts et chaussées, allant remplir des fonctions à Marseille pendant six mois. Il est encore un peu R... et a résisté à l'atmosphère saint-simonienne dont nous l'avons entouré assez long-temps. Nous vous l'envoyons dégrossi, et nous vous engageons à lui communiquer l'amour que vous sentez pour notre œuvre : je désire pour vous et pour lui que vous réussissiez. Il aime peu le sentiment religieux, et vous vous apercevrez facilement de ses dispositions au criticisme par l'enthousiasme qu'il a pour Byron et Victor Hugo. C'est, au reste, un charmant garçon. Nous ne saurions que vous engager à vous lier avec lui et à le pousser doctrinalement.

Recevez le baiser fraternel.

C***,

membre du troisième degré *.

Paris, le 9 juin 1831.

Courage, mon cher D***, courage! La famille saint-simonienne grandit tous les jours, et je viens te faire part de nos joies et de nos espérances. Moi qui me montrai si long-temps hostile aux idées nouvelles que tu essayas le premier de propager à Marseille, je vais aussi quitter Paris, et un mois s'est à peine écoulé depuis ma conversion : mais, plus heureux que toi, je vais dans une ville où nos pères ont déjà porté la parole saint-simonienne, et où ils ont obtenu à plusieurs reprises d'éclatans succès.

Ce bonheur, tu le partageras bientôt. Les pères L. et J. R. parcourent en ce moment le Midi; ils iront à Marseille, ils t'apprendront ce qu'est devenue la doctrine depuis ton départ de Paris : ils t'émerveilleront, car tu ne pouvais pas t'attendre,

---

* Ingénieur des ponts et chaussées.

il y a quelques mois, à la voir recueillir en si peu de temps une moisson si abondante.

. . . .

. . . .

Nos compatriotes sont bouillans : ils se laissent facilement entraîner, mais aussi ils reviennent sans peine de leur premier jugement. Nos pères ne seront certainement pas plus malheureux à Marseille qu'à Lyon, et tu te trouveras, à leur départ de cette ville, à la tête d'une famille nombreuse, dont tu auras le plaisir d'avoir préparé la formation.

. . . .

. . . .

Je t'embrasse de tout mon cœur.

Ton frère, G. B***,
membre du troisième degré (*.

Mon cher D***, je vous ai adressé une lettre sous le couvert de M. M***, avocat ; j'espère qu'elle vous est parvenue.

. . . .

. . . .

Les pères C*** et C***, rédacteurs du *Globe*, se proposaient de vous adresser une lettre ; je l'ai arrêtée et je vous la transcris :

Mon cher fils, les élections approchent, et il importe que nous soyons informés de ce qui les concerne ; c'est pour-

* Ingénieur des ponts et chaussées.

« quoi nous vous prions de nous écrire régulièrement à ce
« sujet. Vous qui êtes notre fils et qui *sentez* comme nous
« *sentons*, nous vous demandons un premier jugement sur
« les hommes que le Département se dispose à nous envoyer :
« nous ne pouvons adopter le jugement des journaux libéraux,
« s'ils ne sont sanctionnés par le témoignage de quelque mem-
« bre de notre famille. Il ne faut pas que nous soyons *échos* ;
« il faut que nous soyons spontanément *conseillers*, etc... »

Il nous arrive souvent, mon cher D***, de parler de vous
à notre grande table, car je dois vous avoir dit que depuis
long-temps je dîne avec nos pères ; et beaucoup d'entre eux,
qui ne vous ont pas même vu, désirent vous connaître. Une
mission doit approcher de vous : bon courage ! Vous avez une
grande fermeté de caractère, comment donc parliez-vous dernièrement d'un autre Marseillais qui serait plus en état que
vous de se mettre en tête de l'église de votre ville ? N'êtes-vous
pas le premier confesseur ?

. . . .

. . . .

Adieu, aimez-nous.

Votre père,

E. C***.

Paris, ce 11 juillet 1831.

Religion Saint-Simonienne.

Mon cher D***,

J'apprends avec grand chagrin que la mission du Midi va probablement rentrer dans un mois au sein de la famille, sans avoir été à Marseille; le père H*** toutefois doit s'y rendre.

J'aurais bien désiré que vous pussiez vous lier plus intimement, en les voyant, à R*** et à L***.

Sans doute vous êtes en correspondance avec B***, actuellement à Rouen..

Où en est l'esprit public chez vous? Il y a ici un état de langueur qui ne peut durer. . . . .
. . . .

Dites-moi bien ce que vous pensez : si vous êtes un peu moins contrarié, vos occupations? Je voudrais pour tout au monde que vous pussiez venir à Paris.

. . . .
. . . .

Nos progrès sont très sensibles, mais il faut que nous parvenions à prendre un rang plus dessiné dans le mouvement général.

Adieu, je vous embrasse de tout cœur.

E. C***.

Montpellier, le 31 août 1831.

Cette semaine vient d'être pour nous, cher frère, plaisir et progrès. Nous l'avons passée en famille avec notre père Hoart; mais parmi tant de bonnes choses racontées, nous aimons surtout à nous rappeler celles qui vous concernent. Les nombreux travaux du père Hoart dans le Midi seront pour vous une source de jouissances, dont, isolé jusqu'ici, vous sentirez tout le prix. Marseille est si souvent en rapport avec Toulon, que vous pourrez suivre et participer même à tous les progrès de cette nouvelle église. Espérons aussi qu'elle donnera un peu d'ardeur à vos amis.

Avignon donne de grandes espérances; à Nîmes nous avons des frères.

Je ne vous parlerai point de l'église de Toulouse: D***, que nous vous présentons comme déjà bien lié à la grande famille, vous donnera à cet égard les plus petits détails.

Adieu, cher frère; quand vous saurez quelques progrès, quelques bonnes nouvelles, n'oubliez pas que nous en sommes avides, et rappelez-vous qu'à Montpellier vous avez des pères et des frères qui vous aiment et vous embrassent de tout cœur en Saint-Simon.

S. D***.

Fin.

Table des Matières.

FIN DE LA TABLE.